JN017117

世界最先端の研究が教える新事実

心理学 BEST100

内藤誼人

NAITOH YOSHIHITO

SOGO HOREI PUBLISHING CO., LTD

まえがき

読者のみなさんは、心理学というと、どんな学問をイメージされるでしょうか。

メンタリストのように、人の心を読んだりするのが心理学だと思っているかもしれませんね。

たしかに読心術は心理学の研究領域ですから、それは間違いではありません。

あるいは、心に悩みを抱えた人を癒すための学問が心理学だと思っているかもしれません。カウンセラーやセラピストをイメージするわけですね。もちろん、それらも心理学の領域であることは間違いありません。

ただし、心理学という学問の領域は、「そんなに狭いものではないよ」というのも事実です。

心理学者というものは、人間がかかわるものなら、あらゆるものを研究対象にしてしまうところがあり、あまり節操がありません。お金を扱うなら、普通に考えれば経済学なのでしょうけれども、心理学者は平気な顔をして、そういう領域にもどんどん首を突っ込んでいく種類の人たちなのです。

心理学者は、政治にも首を突っ込みますし、スポーツ、医学、生理学、社会、組織、交通、法律、経営、文化、戦争、歴史など、何でも研究対象にしてしまいます。これほど、研究の裾野の広い学問は他にありません。

本書は、そうした心理学の研究領域のうち、私が特に面白いと思う100個の研究を抽出し、みなさんにご紹介するものです。

読者のみなさんに、「へぇ、これは知らなかったなあ」と感心してもらったり、「心理学って面白そうだなあ」と心理学に興味を持ってもらったりすることが、本書の狙いです。

なお、本書は、心理学の教科書ではありませんので、他の心理学の教科書で取り上げられているようなネタは入れないことに決めました。たとえば、「パブロフの犬」「スタンフォード監獄実験」「マシュマロテスト」のような古典的な研究は入れていません。

こういう研究は、もちろん学問的に意義のある研究なのでしょうが、そんなに面白いものでもありません。どこの本にでも書いてあるので、飽きてしまったところもあるでしょう。したがって、本書では私が興味を持ったり、感心したりしたものだけをご紹介していきます。

たとえば、本書で取り上げる研究の一例は、ざっとこんな感じです。

○人はお腹の空き具合によって、食べる量を決めているのではない
○ホームランを打たれた直後のバッターは、デッドボールを受けやすい
○人がその生涯で、カウンセラーから「心の病気」と診断される確率は約50%
○黄色の食べ物（オムレツやバナナ）を食べると、ハッピーホルモンが分泌される

○インターネットは、人とのつながりを増やさずに、減らす

「これは面白いぞ！」と私が膝を叩いた研究を、独断ですが「ＢＥＳＴ１００」として紹介していきたいと思います。もちろん、心理学にはもっと、もっとたくさん面白い研究もありますが、今回は特に選りすぐりの１００個の研究をお楽しみいただきたいと思います。

「目からウロコ」というのは、こういう体験のことをいうのか、とぜひ読者のみなさんに感じていただければ幸いです。どうか最後までよろしくお付き合いください。

内藤誼人

世界最先端の研究が教える

心理学BEST100

CONTENTS

第1章

面白くて眠れなくなる心理学

第2章

すぐに使える心理学

第3章 「心」と「身体」の関係がわかる心理学

第4章 人間の本性がわかる心理学

第5章

「心」のしくみがわかる心理学

ブックデザイン　別府拓（Q.design）
イラスト　ぷーたく
DTP・図表　横内俊彦
校正　黒田なおみ（桜クリエイト）

第1章

面白くて眠れなくなる心理学

1 私たちは、本当の「自分の顔」を覚えていない

読者のみなさんは、本当の自分の顔を正しく覚えているでしょうか。「もちろん」と答えるでしょうね。いつも鏡で見ている自分の顔くらい、絶対に正しく覚えている、と自信を持って答えることでしょう。

ところがですよ、それを確認するための実験をしてみると、とんでもない結果になるのです。**私たちは、「自分の顔」ですら、満足に覚えていない**ことが判明しているのです。

シカゴ大学のニコラス・エプレイは、27名の大学生に顔の写真を撮らせてもらいました。その顔を、魅力的な人の顔（あるいは魅力的でない人）とコンピュータで合成し、少しずつ魅力度を高めた5枚の写真と、少しずつ魅力を失わせた5枚の写真を加え、現実の写真と合わせて11枚の写真を準備しました。そして2週間が経ったところで、本当の自分の顔はどれかを選ばせてみたのです。

「さすがに自分の顔くらいわかるだろう」と思いますよね。

ところが、35％以上の人が、少し魅力を水増しした写真について、「これが自分の顔だ！」と選んだのです。**私たちは、正しい自分の顔を覚えていなかったのです。**

どちらかというと、ちょっと美化したイメージで自分の顔を覚えています。そのため魅力を水増しされた写真のほうが正解だと思い込んでしまうのです。

エプレイは、魅力的な人の顔を合成するとき、10%きざみで、20%、30%というように最大で50%まで、魅力を水増しした5枚の写真を用意しておいたのですが、さすがに50%も魅力が水増しされていれば、それが不正解だとわかりました。

ところが、10%くらい魅力が水増しされていても気づかず、むしろそれが本当の自分の顔だと多くの人は思い込んでしまうのでした。

「私の鼻は、もっと小さいはず」

「私の唇は、こんなに分厚くない」

私たちは、そんな風に**自分の顔を美化して捉《とら》えやすい**ので、本物の自分の顔でなく、合成された写真のほうを正解に選びやすいのです。

自分の顔なのですから、正しく覚えていると思うのは、まったくの勘違いでした。

仮に同じ実験に、みなさんが参加していたとしても、おそらくは、「ちょっぴりイケメン」「ちょっぴり美人」に合成された写真を選んでいたことでしょう。人間には、そういうところがあるのです。

もちろん、自分を美化して捉えることは決して悪いことではありません。自分を美化するからこそ、精神的にも健康でいられますし、堂々と人前に出ることもできるのですから。

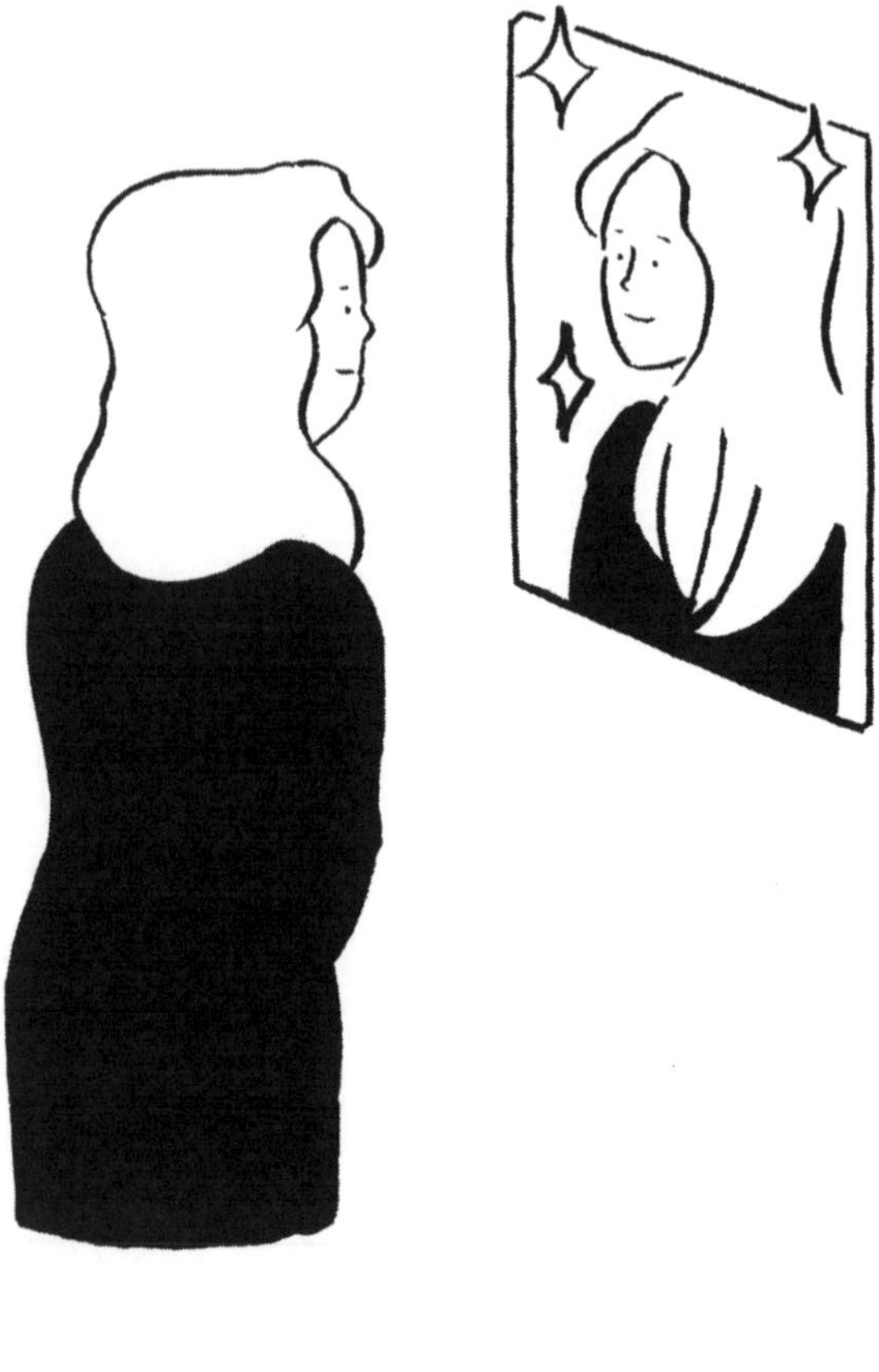

2 辛いものが好きな人ほど、男性的

フランスにあるグルノーブル・アルプ大学のローレント・ベイグは、その人の性格が、食べ物の好みにも反映されるのではないかと考えました。

これを調べるため、ベイグは、地元の新聞で実験に参加してくれる人を募《つの》り、マッシュポテトを食べるという実験をしています。

ポテトの横には、タバスコと塩を置き、好きなだけかけてよいことにしていました。

また、参加者たちのだ液も採取し、テストステロン（男性ホルモンのこと）値も測定しました。すると、テストステロン値の高い人ほど、タバスコをふんだんに振りかけることがわかったのです。

辛いものが好きな人は、男性的な性格だといって間違いありません。

塩のほうはというと、こちらはテストステロン値と無関係でした。男性的な人は、辛いものは好むものの、塩っぽい味も好むのかというと、そちらは関係がないようです。

誰かと一緒に食事をするとき、その人が、辛いものが大好きだということがわかったら、「この人は、男性的なのだな」と考えてもよいでしょう。これはかなりの確率で当たります。

カレーは辛口。韓国料理が大好きとわかれば、その人は相当に男性的な人といえます。
ちなみに男性的であるということは、次のような特性を持っていることも推測できます。

●競争的
●自己主張が激しい
●人に対してのやさしさが乏しい（共感性がない）
●攻撃的
●ギャンブルが好き

なんだかあまり好ましくない特性ばかりが並んでしまいましたが、それも考え方次第です。「競争的」ということは、人に負けないように必死に頑張るという意味でもあるので、たとえば、組織の中では出世しやすい人ともいえるのです。競争意欲のない人は、あまり頑張りませんから、出世できない傾向にあります。

自己主張もそうで、自己主張が激しい人間はイヤな人間ではあるものの、はっきりと自己主張できる人ほど、自分の要求を相手にのませることができるので、それだけ多くのものを手に入れられる人であり、見方を変えれば、〝男性的〟というのはよい特性ともいえるのです。

このように**辛いものが好きかどうかだけで、いろいろなことがわかる**ものなのです。

3 親切な友人を持つと自分も親切な人になる

友達選びはとても重要です。なぜなら、私たちは友達の影響をものすごく大きく受けてしまうからです。

「朱《しゅ》に交われば赤くなる」とは言い得て妙な表現で、**私たちは一緒に付き合う人によって自分を変えることができる**のです。

もし誰に対しても親切な人間になりたいなと思うのであれば、まずは**とびきり親切な人を探して、その人と友達になることを考えましょう。**そういう友達と付き合っていれば、自然に自分も親切な人になれるはずです。

メリーランド大学のキャサリン・ウェンゼルは、小学校6年生にクラスメートの名簿リストを渡し、「あなたの親友に3人までマルをつけてください」とお願いしました。その一方で、クラスの担任にもお願いして、それぞれの生徒がどれくらい親切な子どもなのか、どれくらい協力的なのかの判断もしてもらいました。

それから2年後、中学2年生になったときに同じ子どもたちに再調査をしてみると、親切な友達のいる子どもは、2年後にはその子自身も親切になっていることがわかりました。親切で、協力的な友達がいると、本人もそんな風に変わっていくのです。

だいたい、親切な子どもというのは、勉強でわからないところがあっても、先生もクラスメートも放っておきませんし、快《こころよ》く教えてくれます。そのため、親切な子どもほど、成績のほうもよくなる傾向があります。

そのためでしょうか、親切な友達がいる人は、自身の成績もつられてよくなることもあわせて明らかになりました。

それだけではありません。親切な人というのは、誰からも好かれやすいので人気者になります。人気者になると、自信もつきます。したがって、そういう親切な子と付き合っていると、自信がつくようになることもウェンゼルは突き止めました。親切な友達を作ることには、いくつものメリットがあるといえるでしょう。

逆に性格が悪い人と友達になると、自分の性格も悪くなってしまうので気をつけたいものです。

いつでもブツブツと愚痴やら不満ばかりを口にするような人と付き合っていると、自分も同じように不満ばかりを口にするようになってしまいます。不満ばかりを口にする人には、なるべく近寄らないようにし、そっと距離を置くようにして、少しずつ関わらない方向に持って行ったほうがいいかもしれません。

4 笑えば笑うほど「寿命」は延びる

「笑う門には福来る」という言葉があります。

いつも笑っている人のところには、幸運なことがどんどん起きるという意味です。

「そんなの単なる迷信だよ、バカらしい……」と思う読者がいるかもしれませんが、いやいや、そんなこともありません。古くからの言い伝えの中には、科学的な研究によっても、その真実性が裏づけられるものが少なくないのです。

では、**笑っているとどのような幸運があるのかというと、「寿命が延びる」ということを挙げることができる**でしょう。

長生きができることは、誰にとっても嬉しいことでしょうから、いつでも笑顔でいることはとても大切なことだといえます。長生きしたければ、とにかく笑うこと。しかも、できれば声を出して、呵々大笑《かかたいしょう》するのがよいですね。そうすれば、誰でも寿命を延ばすことができるのです。

アメリカのウェイン州立大学のアーネスト・アベルは、『ベースボール・レジスター』とい

■表①　笑顔と寿命の関係

写真の表情	寿命
笑顔なし（63名）	72.9歳
口元だけ笑顔（64名）	75.0歳
歯を見せた笑顔（23名）	79.9歳

う本（選手名鑑の一種）に載せられているメジャーリーガーのうちで、すでに亡くなっている選手の生前の写真を230名選んで、彼らの寿命を調べてみました。

アベルは、それぞれの写真の選手を、「笑顔なし」「口元だけ笑顔」「歯を見せた大きな笑顔」の3つの段階にわけて、それぞれの平均寿命を調べてみたのです。すると、結果は表①のようになりました。

明らかに、笑顔を大きく見せるほど、寿命も長くなっていることがわかります。まったく笑わない人と、歯を見せて笑う人には、なんと寿命に7年もの開きがあることもわかりました。笑顔は、明らかに長生きに関連しているといえるでしょう。

長生きをするために、毎日サプリメントを飲んだり、定期的に健康診断を受けたりしている人は少なくないと思います。

しかし、そういう努力をする人でも、「長生きするために、いつでも笑顔を見せよう」という努力をしている人は、なかなかいません。効果だけでいえば、笑顔を作るだけでかなりの長生き効果が期待できるのに、なぜか誰もそれをやらないのです。

どうせやるのなら、笑顔の努力もぜひ付け加えてほしいものです。

普段から、**ニコニコした笑顔を作る訓練をしていると、寿命が延びるだけでなく、周囲の人たちとの関係もよくなりますし、仕事もうまくいく**ようになるでしょう。いろいろとよいことが起きるようになります。

5 「暴力的なゲームは犯罪を増やす」はウソ

人を殺したり、公共物を壊したりするゲームがあります。

そういう暴力的なゲームをやる人が社会に増えれば、それを真似て現実に罪をおかす人が増加してしまうぞ、という警鐘《けいしょう》を鳴らす人もいます。

この意見は、正しいのでしょうか。

もし暴力的なゲームが、本当に犯罪を引き起こす原因になっているのであれば、とんでもないことです。ゲームソフトを作っている会社には、即刻にゲーム開発をやめさせなければなりません。けれども、この心配は杞憂《きゆう》です。

ペンシルバニア州にあるヴィラノーヴァ大学のパトリック・マーキーは、「暴力ゲームが犯罪を増やす」ということは間違いだということを、統計データで正しく証明しています。

マーキーが調べたところ、1978年から2011年までの期間で、**暴力的なゲームは年々売り上げを伸ばしています。ところが、同じ期間での暴力犯罪はというと、むしろ減少しているのです。**最も減少しているのは、殺人事件です。

もし暴力的なゲームが犯罪を引き起こすのなら、そういうゲームをするプレイヤーが増えれば増えるほど、犯罪も増えていかなければおかしなことになります。ところが、暴力的なゲームがどんどん増え、それにつれてユーザーやプレイヤーも増加しているはずなのに、暴力犯罪は逆に減っているのです。この統計だけ見ても、「暴力的なゲームが、犯罪を引き起こす」などとは言えないことがわかるでしょう。むしろ、統計を見れば、「暴力的なゲームは、犯罪を抑制する効果がある」とさえ言えるかもしれません。ただし、これは疑似相関である可能性もありますが……。

少し前に、「ゲーム脳」という言葉も流行りました。ゲームをやりすぎると、頭が悪くなってしまうというのですが、これも科学的な根拠に乏《とぼ》しい意見です。ゲームをやっているからといって、必ずしも頭が悪くなることはないでしょう。液晶の画面を見つめることで視力は落ちるかもしれませんが、脳力が落ちるということはまず考えられません。

実をいうと、私もゲームが大好きなので、「ゲームをするとバカになる」という説には断固反対です（笑）。ついでにいうと、私はマンガを読むのも大好きなので、同じように、「マンガばかり読んでいるとバカになる」という説にも反対する人間です。

昔から、ラジオがよくないとか、テレビがよくないとか、パソコンがよくないとか、マンガがよくないとか、ゲームがよくないとか、**教育上それらが悪者扱いされる**ものはありましたが、たいていの場合には、たいした根拠もないままに悪者扱いされるのが常です。

ゲームが好きなら、堂々とゲームを遊んでも何も問題はないと思います。

6 男の子は他の子どもとの比較がストレスになる

私がまだ小さかった頃、近所の子どもがテレビゲームのソフトを買ってもらったりすると、「○○ちゃんだって持っているんだから、僕にも買ってよ」と駄々をこねた記憶があります。駄々をこねるどころか、泣きわめいて親にさんざん迷惑をかけた苦い思い出もあります。どうしてあれほど迷惑をかけてしまったのか、自分でもよくわかりませんが……。

男の子にとっては、近所の子どもたちとの比較が、相当なストレスを生み出すようです。

私が、他の子どもが持っているゲームソフトを欲しがったのも、他の子どもと自分を比べて、自分がみじめに感じたからでしょう。

アメリカのデューク大学のキャンディス・オジャーズは、1600名を超える子どもに、5歳のとき、7歳のとき、10歳のとき、12歳のときに追跡調査するという研究を行っています。

オジャーズは、周囲にお金持ちばかりが住むようなエリアで育った子ども（住んでいるエリアに、貧しい世帯が25％以下）と、貧しい家が多いエリアで育った子ども（住んでいるエリアに、貧しい世帯が75％以上）の成長を調べると、前者のほうが、はるかに非行に走る確率が高くなることを突き止めました。ただし、この傾向は、男の子にはよく当てはまるのですが、女の子には当てはまりませんでした。

たとえ自分が貧しい家の子どもでも、近所の子どもも同じように貧しければ、男の子はそんなに気にしません。ところが、近所に住んでいる子どもがお金持ちだったりすると、男の子は、とても大きなストレスを感じます。自分がみじめな存在だと感じたり、自信を失ったりするのです。こうしてどんどん性格も荒れてきて、非行に走ってしまうのでしょう。

男の子というものは、女の子に比べて、競争するのが大好きなのです。

当然、近くに住んでいる子どもとは、しょっちゅう競争しようとするものですが、親がお金持ちかどうかという話になると、子どもにはどうすることもできません。ただストレスを感じるだけです。勉強やスポーツなら、まだ本人の努力でどうにかできそうですが、親の資産については、お手上げです。

近所にお金持ちばかりが住んでいるということは、環境がよさそうに思えますが、男の子にとっては、そういう環境はあまり好ましくないといえます。もちろん、自分の親が近所の人たちと同程度のお金持ちならば問題はないのですが。

家庭を持ち、子どもを持つようになると、親としてはどこに住居を構えるのかも大きな問題になります。できるだけ子どもにとって負担の少ないところに住むのがよいでしょう。

自分に相当の稼ぎがあるのならまだしも、見栄を張って高級住宅街などに住もうとすると、不要なストレスを子どもに与えてしまうかもしれません。

7 女性のほうが、男性より人付き合いが上手な理由

男性と女性には、いろいろな点での「性差《せいさ》」（男女差＝ジェンダー）が見られますが、人付き合いにおいてもそういう差は見られます。

一般に、女性は人付き合いが上手なのに、男性のほうはというと、かなりヘタです。

その理由の一つは、**女性は、しっかりと目の前の人のことを観察するのに、男性はあまり注意を払わない**ことが挙げられます。

女性は、周囲の人たちの顔やしぐさをしっかりと観察します。そのため、相手がどんなことを考えているか、どんな印象を持っているかを正しく見抜くことができ、そつのない対応をとることができます。ところが、男性は、もともとあまり他の人に注意を払わないので、相手がどんな感情を持っているのかもわからず、「場の空気が読めない」対応をとってしまうのです。

女性は、あらゆる人に対して注意を向けます。「この人はどんな人なんだろう?」「この人は何を考えているのだろう?」という関心を持って、目の前の人に注目します。そのため、細かい点などもよく記憶できます。男性はそういうことができません。もともと自分以外の人には、あまり興味や関心を持たないのです。

ノースイースタン大学のマリアン・マストは、１００名の大学生（男性53名、女性47名）に、あるビデオを20秒間だけ見せました。ビデオは、男性が２人、女性が３人登場し、半円に並んで座っておしゃべりするという内容です。ビデオを見てもらってから、今まさに見たばかりの内容について実験者があれこれと質問してみました。

「右から４番目に座っている人は、茶色のズボンを履いていましたか？」

「右から２番目の人は、ブロンド（金髪）でしたか？」

このような質問を26個することで記憶力をテストしてみると、男性は答えられなかったのに、女性は細かく、しかも正しく覚えていることがわかりました。

女性は、人間に対しては、大変な観察力を持っているといえるでしょう。

女性は、驚くほど細かいことをよく覚えていることがあります。みなさんは、自分の彼女や奥さんが、「3年前のあのとき、あなたは青のシャツを着ていた」といったように、自分ではまったく覚えていないようなことを覚えていて、驚かされた経験はないでしょうか。

女性は、こと人間に関しては、鋭い観察力と記憶力を持っているので、こういうことが普通にできてしまうのです。男性には、逆立ちしてもできるものではありません。

もちろん、**男性だって、人間に興味関心を持ち、しっかり相手を観察するようにすれば、女性と同じように観察力も鍛えられる**でしょうし、ひいては人付き合いもうまくできるようになるでしょう。多くの男性は、そういう練習をしないのでうまくできないだけなのです。

8 ただ質問されるだけで行動する可能性は高まる

ああしなさい、こうしなさいと指示を出さなくとも、**ただ質問をしてみるだけで、相手が行動してくれる**可能性が高まります。なんとも摩訶不思議な現象ですが、これは本当のことなのです。

ニューヨーク大学のヴィッキー・モーウィッツは、あるグループには、「あなたは、これから半年以内に、自動車（またはパソコン）を買うつもりはありますか？」と質問してみました。ただ質問するだけで、「買いなさい」などとは言いません。単純に、質問するだけです。残りのグループには、そういう質問はしませんでした。

それから半年後、その人が自動車、またはパソコンを買ったかどうかを調べたところ、表②のようなデータが得られました。

「なんだ、たいして数値は変わらないじゃん」と思った人がいるかもしれませんが、自動車に関していうと、質問しただけで実際に購入した人は、質問しなかった場合に比べて37％増なのです。パソコンに関しては、18％増です。わずかな数値の違いだと思われるかもしれませんが、

■表②　自動車とパソコンを買った人の割合

自動車	実際に買った人
質問したグループ（3518名）	3.30%
質問しないグループ（4776名）	2.40%
パソコン	**実際に買った人**
質問したグループ（2139名）	4.48%
質問しないグループ（5641名）	3.80%

ひと言が引き起こす効果としてはずいぶん大きな差だといえます。

私たちは、ただ質問されるだけで、なぜかその行動をしてしまうのです。

似たような研究をもう一つご紹介しておきましょう。

オハイオ州立大学のアンソニー・グリーンワルドは、選挙の前日に、電話でアンケート調査だと偽って、「あなたは、明日、投票に行きますか？」と質問してみました。そして翌日、本当に行ったかどうかを教えてもらったのです。別のグループには、前日に電話をかけず、いきなり選挙日の当日に電話をして投票に行ったかどうかを教えてもらいました。

すると、前日に質問されたグループでは、投票率が86・7％となり、質問されなかったグループでは61・5％だったのです。質問されるだけで、投票に出かける割合が25%も増えてしまったのです。

この結果から**人を動かしたいなら、ただ質問するだけで十分**ということがわかります。

この原理を覚えておくと、いろいろなところに応用できそうです。何しろ、わざわざ指示や命令を出さなくてすみますから。

ちょっとした心理テクニックですが、便利な方法ですのでぜひ試してください。

9　小さな女の子が、男の子より口が悪い理由

幼稚園や小学校低学年くらいまでの男の子は、何か気に入らないことがあるとすぐに手を上げようとします。大変に攻撃的です。

女の子は、そういう直接的な攻撃はしません。けれども、攻撃性がまったくないかというと、そうでもなくて、ものすごく汚い言葉で相手をののしったりします。女の子は、直接的な攻撃はしなくとも、口を使って間接的な攻撃をする傾向にあるのです。

なぜ、女の子は、口が悪いのでしょうか。

フィンランドにあるオーボ・アカデミー大学のカイ・ビョークヴィストによりますと、その理由は、女の子のほうが、男の子よりも言語的な発達が早いためだからだそうです。

１歳になる頃には、女の子は、大人顔負けの言葉を使ったりします。いきなりペラペラと話し始めるので、親もびっくりするくらい、女の子は言語能力を早く獲得するのです。

その点、男の子はというと、なかなか言葉を覚えません。２歳になっても、３歳になっても、たどたどしい言葉しか話せなかったりすることも珍しくありません。アインシュタインなどは、

5歳になっても満足に話せなかったというエピソードがあるほどです。

女の子は、言語能力の獲得が早いので、気に入らないことがあると、言葉を武器にして攻撃することができます。あまりに巧みに攻めてくるので、言い負かされてしまう大人も多いのではないでしょうか。こういう理由で、女の子はとても口が悪いのです。

男の子はというと、言葉ではとうてい女の子に勝てません。口で相手を攻撃できないので、手を上げて相手を叩こうとするのです。そういうやり方しかできないのです。もちろん、そういう男の子も、ある程度の年齢になって、言葉を自由に操れるようになると、女の子と同じように、言葉で相手を言い負かせるようになるのですが。

小さな娘のいる親などは、「うちの子は、こんなに口が悪くて将来は大丈夫なのだろうか」と心配かもしれませんが、まったく心配はいりません。

口が悪いということは、それだけ言語を操る能力が高いということです。見方を変えれば、それだけ頭がいい、ということでもありますから、心配はいらないのです。

逆に、小さな男の子のいる親御さんは、息子があまりにも言葉をしゃべれないことで不安になったりするかもしれませんが、こちらも心配無用です。男の子は、女の子に比べると、言語的な発達がゆっくりしているだけです。急いで言葉を教えようとしたり、言葉の間違いを訂正していると、かえって男の子は委縮してしまい言葉を話そうとしなくなってしまいます。温かく見守っていれば、そのうちに話せるようになります。心配をしすぎないようにしましょう。

10 心の専門家も自分の心はコントロールできない

精神科医、心理学者、カウンセラーなどの心の専門家は、人間の心の働きについては非常に詳しく知っているはずです。なにしろ、専門家なのですから。したがって、心の専門家であれば、おそらくは誰でも「人間というものは、ものすごく自信過剰なところがある」という知識についても知っているはずです。

ところがなんとしたことか、そういう知識があるはずの**心の専門家でさえ、こと自分自身のことになると、客観的な判断ができなくなる**ことも明らかにされています。

これをきちんとデータで示したのが、アメリカにあるブリガム・ヤング大学のスティーブン・ウォルフィッシュです。ウォルフィッシュは、精神科医や心理学者、社会福祉士や結婚セラピストなど、心の専門家と呼ばれる人たち129名に対して、「あなたと同じ職種の他の専門家と比較して、あなたの臨床スキルは何点ですか?」と尋ねてみたのです。

ちなみに、「臨床スキル」とは、患者さんとのやりとりで、どれだけ上手に治療やケアができるのかという技術のことです。ようするに「腕前」だと考えて間違いありません。

１００点満点で、自分の腕前を尋ねられた心の専門家たちは、いったい自分に何点をつけたのでしょうか。私たちは、「つい自分の実力や才能を高く見積もる傾向がある」という心のメカニズムを知っているはずなのですから、少しくらいは謙虚な得点を答えなければなりません。ところが調べてみると、彼らの平均得点は、80・59点。なんとも高い得点です。「自分の腕前は、他の専門家と比べてもかなり上位」とうぬぼれた評価をしていることがわかります。

さらにウォルフィッシュは、「患者は、あなたの治療でよくなりましたか？」と質問したときには、77・01％が「よくなった」と答えて、「前よりも悪くなってしまった」と答えたのは、わずかに3・66％でした。

心のケアというのは、非常に難しくて、劇的に改善させることは少ないはずなのに、こと〝自分のこと〟になると、心の専門家でさえ、「いや、自分だけは本当に治療がうまいんだ」と考えていることがわかります。

心の専門家というと、心のメカニズムに詳しく、判断の誤りなどを避けることができたり、セルフ・コントロールが上手にできたりするようなイメージを持つかもしれませんが、現実にはそんなことはありません。私も心理学者の端《はし》くれなのですが、「それじゃ、お前は自分の心を思うようにコントロールできているのか」と言われたら、とてもそんなことはできませんと正直に告白するしかありません（笑）。

知識があっても、うまく実践できるのかというと、なかなかそううまくはいかないようです。

11 男性も、女性も空想するのはエッチなことばかり

手持ち無沙汰で何もすることがないときには、とりとめのないことが頭に浮かんでくるもの。電車で揺られているとき、ぼんやりと空想にふけるのは、楽しいヒマつぶしになります。

自分が空想する内容については、自分のことですからよくわかると思いますが、それではいったい他の人はどんなことを空想しているのでしょうか。他人の頭の中を直接のぞきこむことはできませんので、これは非常に気になります。

オハイオ州立大学のテリー・フィッシャーは、283名の大学生に、数を数えるときに使うカウンターを渡して、生理的欲求にかかわる空想が浮かぶたびに、その回数をカウントしてもらいました。生理的欲求というのは、具体的には、「食べ物」「睡眠」「セックス」の3つです。

大学生は、一日中、何かを空想するたびに「カチカチ…」とカウンターを押さなければならなかったので、とても大変な思いをしたでしょう。しかも、この計測は1週間も続いたのです。

その結果は、表③のようになりました。

男性も女性も、空想の内容としては、エッチなことを考えることが一番多いようですね。私

■表③　生理的欲求にかかわる空想をした回数

	男	女
食べ物	25.1回	15.3回
睡眠	29.0回	13.4回
セックス	34.2回	18.6回

※数値は、1週間の合計を7で割った数値。1日当たりの空想回数です

には、ちょっと意外な結果でした。食いしん坊の私は、「食べ物」が一番多いような気がしたのです。特に、女性は、甘いスイーツや、おいしいものを空想するのではないかと思っていたので、意外な結果です。

ただし、この結果は、実験に参加したのが若い大学生だった、ということもあるでしょう。若者なので、男女ともエッチなことばかり考えてしまったのかもしれません。もう少し幅広い年代の人の空想を調べたら、違う結果になった可能性があります。

もう一つ面白いのは、女性に比べて、男性のほうが空想にふける回数が多いこと。男性は、ヒマさえあれば、空想（妄想？）にふけるようです。３つの空想を合計した数値でいえば、**男性は、一日のうちで、女性の約2倍もたくさん空想している**のです。これは「空想しすぎ」といってよいでしょう。あるいは、男性のほうが、基本的な生理的欲求が、女性よりも強い、といえるのかもしれません。

12 幸せな気分の人は他の人にも親切にする

自分が幸せな気分だと、他の人にも親切なことをしてあげたくなるものです。困っている人がいたら、幸せな人ほど助けてあげるでしょう。逆に、心に不満があったり、悩みがあったりする人は、自分のことで精いっぱいですので、他の人にまで目を向けることができません。

毎日、幸せな気分で、人生にも満足している人ほど、他の人に親切なことをします。ちなみに、心理学の世界では、**他人に対して親切な振る舞いをしてあげることを「愛他《あいた》行動」と呼んでいます。**

ジョージタウン大学のクリスティン・ブレタル・ハーウィッツは、アメリカの州ごとの住民の「主観的健康度」というものを調べてみました。主観的健康度というのは、ちょっとわかりにくいかもしれませんが、幸福度や人生満足度を測定したものです。

また、ハーウィッツは、それぞれの州ごとの「究極の愛他行動」も測定しました。究極の愛他行動とは、ここでは腎臓提供者の数です。

自分の腎臓を、まったく知らない人に快く提供してあげるのですから、これほどの愛他行動はありません。単なるお金の寄付とは違います。まさしく究極の愛他行動といえるでしょう。

調べてみると、主観的健康度の高い州ほど、腎臓提供者の数も多いことがわかりました。両者には非常に高い相関が見られたのです。

「人は自分が幸せだと、他の人にも親切なことをしてあげる確率が高くなる」という心理学の原理は、まさしく正しいことが立証されたといえるでしょう。

人にどれくらい親切にしてあげるかは、お金持ちかどうかは関係ありません。

たとえそんなにお金を持っていなくても、「私は、幸せだ」と感じる人は、快く人に対しても援助や親切なことをするものです。逆に、どれほどお金を持っていようが、自分が幸せだと感じていない人は、他の人に親切にすることはありません。

読者のみなさんの周りにも、太っ腹な人がいると思うのですが、そういう人は、みんないつでもニコニコしていて、人当たりもよい人なのではないでしょうか。おそらくは、毎日を幸せに暮らしているから、他の人にも太っ腹なところを見せることができるのです。

どれだけ人に親切なことをしているのかは、その人がどれくらい幸せな人なのかの指標としても役に立つのですね。

13 起業家を目指すなら、自分の顔と相談してから

「よし、独立して開業してやる！」
「このビジネスモデルで成功してやるぞ！」
一念発起《ほっき》して独立するのは、まことに勇ましいことだと思いますが、これから独立して起業家を目指す人は、ちょっと鏡を見て、自分の顔だちを確認してからにしたほうがよいかもしれません。

夢のない話になってしまいますが、**「顔だちが魅力的」な人であれば、起業家としてもうまくいく可能性は高くなる**でしょうが、「そんなに魅力的でもない」という人は、どんな商売を始めるにしても、なかなかうまくいかないのが現実だからです。

オクラホマ州立大学のロバート・バロンは、起業家が、投資家向けにプレゼンテーションしている実際の映像を分析し、どれくらいお金を集めることができたのかを調べてみました。

投資家とは、すぐれた商品やサービスを提供している起業家にたくさん投資をするものなのでしょうか。普通に考えれば、そうしなければおかしいはずです。

ところが、結果はそうではありませんでした。

実際には、投資家は、起業家の「顔だち」で投資するかどうかを決めていたのです。

起業家自身が、イケメンや美人だったりすると、商品やサービスはそっちのけで、快くお金を投資してくれたのです。

顔だちのいい人は、どんなビジネスで独立起業しても、それなりに応援してくれる人を見つけることができるといえるでしょう。

ところが、顔だちがそれほどよくないと、どんなに素晴らしいビジネスモデルを持っていたとしても、応援してくれる人を見つけるのは難しくなってしまうことが予想されます。

また、バロンは、独立起業家がどれくらい成功するのかも調べていますが、やはりというか、**その企業が成功するかどうかは、起業家の顔だちと魅力によって決まる**こともわかりました。

『なぜ美人ばかりが得をするのか』という身もふたもないタイトルの本があるのですが、その本によると、世の中というものは魅力的な人に有利になるようにできているのです。これが現実なので、もうどうにもなりません。

独立起業家になりたいと目を輝かせて意気込んでいる人には、冷や水を浴びせるような話になってしまいましたが、もちろん、魅力的でない人は絶対的にうまくいかないというわけでもありません。本人の意欲と努力があれば、けっこう何とかなってしまうのも現実ですから、後はご自身で決断してください。

14 人はちょっとでも元が取れると嬉しい

お金の価値というものは、非常に面白いものです。**たとえ同じ金額のお金であったとしても、まったく心理的な意味が違ってきてしまう**ことを心理学者は明らかにしています。

たとえばこんな状況を考えてみてください。

駐車場に停めておいた自動車が壊されていました。修理には100万円かかります。ところが、その日、宝くじで25万円が当たりました。

最終的には、75万円が手元から出て行ってしまった計算になりますね。では、次の状況も考えてみてください。

駐車場に停めておいた自動車が壊されていました。修理には75万円かかります。

こちらの状況でも、手元から出て行ったお金は75万円です。金銭的には、どちらも同じだけ損をしたことになる計算です。

では、ここで質問です。みなさんなら、前のケースと後のケースで、どちらのほうがイライラすると思いますか。おそらくは後者のほうが、はるかに腹が立つはずです。

ここに挙げた例は、コーネル大学のリチャード・セイラーが行った実験に基づいて、私が少しだけアレンジを加えたものです。ちなみに、セイラーの実験では、前者のケースで腹が立つと答えたのは25％でしたが、後者のケースで腹が立つと答えたのは70％に増えました。

同じく75万円を失ったとしても、前者のケースでは、宝くじで25万円が当たっていて、それを使ったので75万円にすることができたのですよね。このように、少しでもお金が戻ったほうが、同じ金額でもはるかに嬉しいのです。**セイラーは、このような現象を、「ブレイク・イーブン効果」と名づけています。**

損をすることはイヤなことには違いありませんけれども、ほんの少しでもお金が戻ってくると、少しはマシになったと感じるのです。人間には、まことに不思議な心理があるものです。

ある商品を購入した後で、先方から、「金額が間違えていました。差額分をお返しします」と言われると、返してもらえるのは当たり前なのですがやはりちょっぴり嬉しいですよね。払い過ぎていた税金が戻ってくるのも、やはり嬉しいですよね。

もともと自分が受け取るべきお金なのですから、何も得をしたわけではないのに、やっぱり少し得をしたように感じてしまうはずです。

15 インターネットは人のつながりを減らす

インターネットの発達によって、私たちは世界中の人とつながれるようになりました。テクノロジーの発達は、私たちに素晴らしい恩恵を与えてくれたことになります。

とはいえ、**インターネットによって、いろいろな人との相対的なつながりが増えるのかというと、むしろ逆です。人とのつながりは、「減る」**ことのほうがずっと多く、これは**〝インターネット・パラドックス〟**とも呼ばれています。

「よし、インターネットで友達を増やすか!」

「インターネットで、人脈を広げるぞ!」

このように意気込んでいる人には、水を差す話になりますが、実際に人とのつながりは減ってしまうのです。

カーネギー・メロン大学のロバート・クラウトは、インターネットを始めて1年目から2年目の73世帯169名の人を対象に、インターネットを始めたことで人とのコミュニケーションが増えたのかを教えてもらいました。

普通に考えれば、便利なツールが手に入ったわけですから、コミュニケーションは増えなければなりません。実際、趣味が同じ人とのコミュニケーションは増えました。

ところが、クラウトが調べた結果では、逆に、家族のメンバーとの会話が減少し、地元の人との付き合いも減少しました。ですので、全体としてみると、人とのつながりはかえって減ってしまう、という皮肉な結果になっていたのです。

さらに、インターネットには次のような悪い点もあります。

家族や地元の人との直接的なやりとりが減った分、寂しさを感じやすくなり、それによって抑うつ感と孤独感は増加してしまっていたのです。

テクノロジーの発達には、よい点も悪い点もあるのですが、人付き合いに関しては、どちらかというと悪い点のほうが目につきます。

知らない人とは簡単に友達になれるものの、そういう人との付き合いが増えれば、当然ながら、近所付き合いや、職場や学校での付き合いを減らさなければなりません。なにしろ、時間は有限ですので、あるところに時間を使ったら、他に時間を使えなくなってしまいます。

インターネットは、便利なツールではありますが、ＳＮＳなどをやりすぎると、かえって身近なところでの人付き合いが減ってしまいますので、うまくバランスをとりながら、上手に利用することを心がけたいものです。

16 恋愛は好きになってしまったほうが負け

ほとんどの人は、自分が好きになった人とお付き合いをしたいと思うはずです。相手に好きになってもらって、相手のほうから告白してもらって、それでお付き合いをしたいという人はあまりいないのではないかと思います。

ところが、本当は、相手に好きになってもらったほうが好都合なのです。なぜなら、**恋愛というのは、好きになったほうが確実に不利になる**からです。「惚れた弱み」というところでしょうか。

恋愛心理学には、**「最小関心の法則」**という、よく知られた法則があります。**相手に関心を持っていないほうが有利という法則**です。関心を最小にしたほうが、つまり、**「ほとんど関心なんてない」ときのほうが、恋愛を有利に展開できる**のです。

キャバクラに通う人たちは、女性の言いなりになることが多いものです。「バッグをプレゼントして」とお願いされれば、ホイホイと言うことを聞いてしまいますし、「誕生日のお祝いをして」とねだられれば、その通りにしてあげます。

なぜ、そんなことをするかというと、相手に惚れてしまったからです。逆にいうと、キャバクラ嬢は、相手にまったく興味関心がないのです。まさに、「最小関心の法則」通りだといえます。

イリノイ州立大学のスーザン・スプレッチャーは、恋人のいるカップルと既婚者を、数年間にわたって調査してみましたが、相手のことをあまり好きではない人のほうが、相手に対して強くコントロールできることを明らかにしました。

相手には惚れてもらって、こちらは相手にあまり関心がない、というときに、ものすごく強気な態度をとることができるのです。

恋愛では、「好きになったら負け」です。

相手がどんなに無茶な要求をしてきても、相手を好きな以上は、それに応じなければなりません。まあ、相手を好きなだけに、喜んでそれに応じてしまう、というところもあるとは思いますが……。

ちなみに、スプレッチャーの調査によりますと、片方だけが相手に尽くしてばかりいるカップルというのは、破局を早く迎えやすいそうですから、あまりにも自分ばかりが盛り上がっているときには、ちょっと気をつけたほうがいいかもしれません。

17 候補者リストの「順番」で当選が決まる

みなさんは、レストランでメニューを決めるとき、隅から隅までしっかりと確認してからメニューを決めるでしょうか。それとも、面倒くさいので最初のほうにある料理から、適当に選んだりしていないでしょうか。

メニューくらいならそれでもいいのですが、選挙ではどうでしょう。候補者リストの中から、すべての候補者が訴えている政策を調べてから、きちんと選んでいるでしょうか。それとも、適当にリストの先に出てくるほうから選んだりしていないでしょうか。

実際に調べてみると、どうも後者のほうが事実に近いことがわかりました。**私たちは、候補者を選ぶとき、リストの先に出てくる人のほうから選んでしまう**のです。面倒くさいからなのでしょうか。その辺はわかりません。

イェール大学のジョナサン・コッペルは、1998年に行われたニューヨーク市での民主党予備選挙を分析してみて、候補者の名前が、リストの前のほうにあるほどに当選しやすい、ということを確認しています。

■表④　リストの順番と当選の結果

リストの順位	1	2	3	4	5
候補者2名で当選者1名	912名	805名	—	—	—
候補者3名で当選者1名	221名	200名	188名	—	—
候補者4名で当選者1名	68名	49名	50名	52名	—
候補者5名で当選者1名	24名	16名	18名	9名	—

※数値は「当選者数」

さらに、ペンシルバニア大学のマーレ・メレディスは、カリフォルニア州すべての市議会と教育委員会の選挙データで同じ結論を得ています。

他の州とは違って、カリフォルニア州では、候補者がアルファベット順ではなく、くじ引きでリストの順番が決められるのですが、1995年から2008年までの選挙データを調べてみると、リストの順位が先に出てくるほうが、明らかに当選しやすい、という結果を得たのです。実際のデータの一部をご紹介しましょう。（表④）

確かに、自分の名前がリストの1番目とか2番目に載せてもらったほうが、後にくる候補者よりも当選しやすいことがわかります。

政治においては、候補者をいいかげんに選んではいけないことは言うまでもありませんが、現実には、割といいかげんに選ばれることのほうが多いのです。有権者もヒマではありませんから、いちいちすべての候補者をじっくりと調べ上げたりはしないのでしょう。「面倒くさいから、先に出てくる人でいいや」という感じで選んでしまう人は、けっこう多いのが現実のようです。あまりよいことではないかもしれませんが、そういう現実はたしかにあるのです。

18 生涯で心の病気になる確率は？

心の病気というものは、ある特別な人だけがかかってしまうものではありません。「私は大丈夫」と思っている人だって、本当にずっと大丈夫かというと、そんなこともないのです。若い頃にはバリバリ働いて、ものすごく元気だった人でも、中年になってうつ病になってしまうことは珍しくありません。

いったい、私たちは、その生涯の間に、どれくらいの確率で心の病気になってしまうのでしょうか。

ハーバード大学のロナルド・ケスラーの推定によると、その確率は、およそ50%。なんと2人に1人は、その生涯において、少なくとも1回は、カウンセラーやセラピストのお世話になるというのです。

さらにケスラーによると、30%近くの人が、この12カ月以内に少なくとも1回は、メンタル的な障害の報告をしているそうです。たしかに、ちょっとした不眠や、ちょっとした不安は、誰でも感じるものですよね。ただ、カウンセラーのお世話になるほどではない、という段階で済んでいることも多いのではないでしょうか。

一口に心の病気といっても、男女ではその内容に差もあります。ケスラーによると、男性の場合は、うつ病、アルコール依存症、対人不安などの障害になることが多く、女性の場合には、感情障害や、不安障害が多いそうです。

ともあれ、男女とも、その**生涯で、２人に１人が心の病気になってしまう**というのはかなりの高確率です。

その意味では、仮に心の病気になってしまったとしても、「それはごく普通のこと」と割り切って考えればよいと思います。メンタルクリニックに通うのをためらう人もいるでしょうが、恥ずかしがる必要はありません。人間なら、心の病気になるのは、当たり前なのですから。

虫歯になれば、たいていの人は歯医者さんのところに行きます。何週間も我慢する、ということはあまりありません。歯医者さんのところに行けば、すぐに治療してくれるので、我慢する必要がまったくないのです。

ところが、心の病気の場合には、なぜか本人が病院に行くのを避けるケースが多々見受けられます。本人は「俺はうつ病じゃない！」と言い張るのが普通で、家族が説得して、なんとか病院に連れてくることのほうが多いのです。

心の病気は、誰にでも普通に起きることです。虫歯や風邪と同じですので、**気軽に病院で相談しましょう。**心が苦しいのに、必死に我慢するのはおかしいですから。

19 食べた量がわからないと食べ過ぎてしまう

とあるスポーツバーで行われた実験を紹介しましょう。実験をしたのは、コーネル大学のブライアン・ワンシンク。ワンシンクは、スポーツバーで、スーパーボウルの試合当日に2つの個室を用意して、それぞれの部屋で実験をしたのです。

どちらの部屋のお客にも、スーパーボウルを観戦しながら自由にチキンウィングを食べてもらったのですが、片方の部屋のお客（31名）には、新しいチキンウィングを取ってくるときには、食べ終わった骨を片づけてからにしてください、とお願いしました。こちらは、食べた量がわかりにくい状況です。

もう片方の部屋でのお客（21名）には、食べ終わった骨は、プレートに積み上げたまま、新しいものを持ってきてよいことにさせました。こちらは、自分が食べた量がわかる状況です。

スーパーボウルの終了とともに（約80分後）、実験は終了です。どれくらいのチキンウィングを食べたのかを測定してみたところ、表⑤のような結果が得られました。

結果を見ると、明らかに食べた量がわかる条件のほうが、そんなに食べなかったことがわかりました。食べた本数でいえば、27・3％も食べる量が少なかったのです。

■表⑤　チキンウィングを食べた量の測定

食べた量	わかる	わかりにくい
実際に食べた量	192.0グラム	244.2グラム
本数	5.5本	7.0本

食べた量が目に見える形で残されていれば、人はそんなに食べません。「もう食べるのをやめようかな」という抑制が働くようです。

ビュッフェスタイルの店で、スタッフが空いた皿を次から次へと片づけてくれることは、とてもありがたいのですが、つい食べすぎてしまう可能性があるので注意が必要です。皿がテーブルに残っていたほうが、自分の食べた量がわかるので、食べ過ぎを抑制できるでしょう。

人間は、おなかがいっぱいになったから、食べるのをやめるのではありません。自分が食べたと感じる量によって、食べるのをやめるのであって、食べた量がわからないときには、限界まで食べてしまうのです。

食べすぎを抑えたいのであれば、自分がどれくらい食べたのかを意識することも大切です。そうすれば、肥満予防にもなります。

20 自分で作った食べ物のほうがおいしい

でき合いの惣菜《そうざい》を買うより、質素なものでも、自分で作った料理のほうが、何となくおいしいと感じたりはしませんか。お米もそうで、レトルトパックのご飯より、自分でお米を研《と》いで炊いたほうが、なぜかおいしいように感じられるものです。

「他ならぬ自分が作った」という気持ちは、おいしさを確実にアップさせます。

たとえ、まったく同じ材料の料理でさえ、自分が作ればおいしく感じられるのです。

チューリッヒ大学のサイモン・ドールは、60名の大学生に、ラズベリーミルクセーキを試飲してもらうという実験をしたことがあります。

ただし、半数の人には、自分で作ってもらいました。計量カップでミルクやクリームの量を測り、次に砂糖の分量も測り、最後は自分でかき混ぜて作らせたのです。

残りの半数には、すでに作ってあるミルクセーキを試食してもらうだけにしました。

飲んだ後のミルクセーキのおいしさを評価してもらい、さらに参加者が飲んだ量を調べてみると、表⑥のような結果になりました。

明らかに、自分で作ったときのほうが、おいしさの評価は高くなっています。まったく同じ

■表⑥　ミルクセーキのおいしさの評価

ミルクセーキ	自分で作った条件	すでに作られている条件
おいしさ（10点満点）	7.95	7.05
飲んだ量	175.87グラム	118.93グラム

レシピで作られたミルクセーキでさえ、「味が違う」「これはうまい」と感じられてしまうのですから、不思議なものです。つまり、**料理というものは、自分で手間をかけたほうが、確実においしくなります。**料理をおいしく食べたいなら、自分で作ってみるのがてっとり早い方法です。

そこに料理の腕はあまり関係ありません。たとえ、レシピから外れて自分勝手に味をつけ加えても、それはそれで「オリジナリティあふれた自分の味」になるわけで、やはりおいしく感じられるはずです。他人に作ってもらった料理では、こうはいきません。

お菓子もそうで、袋から開けて、そのまま食べることができるものより、水を入れて自分でかき混ぜなければならないといった一手間かかるお菓子のほうが、なんとなくおいしく感じられるものです。

ハウス食品の「フルーチェ」というデザートは、昔からあるロングセラー商品ですが、牛乳を加えてかき混ぜなければならないので、さらにおいしさが引き立ちます。牛乳を混ぜるというアイデアは、ひょっとするとおいしさを高めるために、わざとつけ加えられた手間なのかもしれません。

第2章

すぐに使える心理学

21 仲直りの秘訣はウォーキング

ウォーキングに関しては、「個人の健康」という観点からの研究が多数を占めます。

ウォーキングをすると、体力がつくだけでなく、心理的にも健康になれます。自信がついたり、気分が高まって、ハッピーになることが知られています。身体を動かすことは、ものすごく健康によいことなのです。

「なんだよ、そんなことはもう知っているよ」という読者もいらっしゃるでしょうが、では、こちらのほうはどうでしょう。なんと、**ウォーキングはケンカをしたときに仲直りする効果さえもある**のです。こちらの研究は、たぶん知らない方が多いのではないのでしょうか。

ハーバード大学のクリスティン・ウェッブが、２０１７年の『アメリカン・サイコロジスト』誌に発表した論文によりますと、ウォーキングは仲直りに役立つそうです。

恋人とケンカをしてしまったり、夫婦仲がこじれかけたりしているときには、「一緒に散歩にでも行かないか?」と持ちかけることは、解決に役立つかもしれません。ではどうして、ウォーキングが仲直りに役立つのでしょう。どういうメカニズムなのでしょうか。

ウェッブによると、ウォーキングによって脳が活性化することが役に立つそうです。だいたいケンカをしている当人たちというのは、視野が狭くなっていて、お互いに納得できるような解決法や解決案を出すことができなくなっています。ところが、パートナーと一緒にウォーキングをさせると、脳が活性化して、創造的な解決法が浮かびやすくなるそうです。「ひょっとしてこうすれば、お互いに満足できるのでは？」ということに気づきやすくなるというのですね。さらにウェッブによると、「一緒に歩く」ことで、お互いの心理的な波長が合い、親密感や共感性も高まるのだそうです。

すでにケンカしている相手とは、なかなか「ウォーキングでも…」と持ちかけるのも難しいとは思いますが、なんとか理由をくっつけてぜひウォーキングしてみてください。

ケンカとはちょっと違うのですが、一緒にウォーキングするのは、交渉にも役に立ちます。だいたい交渉というものは、お互いにギスギスした関係になりやすいものですが、一緒に歩きながら話していると、お互いに納得できる妥協点を見つけやすくなりますし、結果として、話し合いもうまくまとまりやすくなるのです。

国際的な舞台では、２国の首脳同士が、庭園などを並んで歩く映像が流れることがありますが、ウォーキングによってお互いに仲良くなろうとしていると心理学的には分析できます。

ともあれ、**人と仲良くなるうえでも、仲直りをするときにも、ウォーキングには大変な効果がある**ということは覚えておくとよいでしょう。

22 悪い誘いに対して反論する方法

中学、高校生くらいになると、タバコを吸ったり、バイクを乗り回したりする、という人が出てくるものです。そういう不良は、他の生徒も誘って、悪い道に引っ張り込もうとします。こういう悪い誘いに乗らないようにするには、どうすればいいのでしょうか。

一番の効果的な方法は、**悪い誘いを受けたときに、どうやって反論すればいいのかを子どもにあらかじめ教えておく**ことです。「こんな感じで反論すればいいんだよ」ということを教えておけば、それが〝予防接種〟のような働きをして、悪い誘いへの抵抗になります。

ハーバード大学のアルフレッド・マッカリスターは、2つの中学校の1年生を対象にして、ある実験をしてみました。

最初の中学校では、タバコや麻薬への誘惑に対して、どうやって反論すればいいのかというトレーニングを6時間受けてもらいました。たとえば、「タバコを吸うことは、何にも縛られずに、解放されるということだよ」という誘惑してくる人に対しては、「解放なんてされてない。ただ、タバコ（ニコチン）中毒になっているだけじゃないか」と反論できるようにトレー

■表⑦　タバコやマリファナの経験値

	反論のトレーニングを受けた	普通の教育を受けた
タバコ	5.6%	16.2%
マリファナ	7.6%	14.9%

ニングしたのです。

もう1つの中学校では、従来通りというか、健康に関する普通の教育をやはり6時間受けてもらいました。「タバコは健康にとって有害」という指導です。

それから2年後、それぞれの中学校で再調査を行い、どれくらいタバコやマリファナを経験したのかを尋ねてみました。すると、表⑦のような結果になったのです。

タバコについても、マリファナについても、反論する方法を教えてもらった中学校のほうが、悪いことを経験した人が少なく抑えられていることがわかりますね。

子どもは、悪い誘いを受けたとき、心の中では、「よくないことだ」と気づいていても、どうやって反論したり、抵抗したりすればいいのか、わかっていないことが多いのです。そのため、不良の友だちに言いくるめられて、悪の道に引きずり込まれてしまうのです。

もしあなたが親なら、子どもには、どうやって悪い誘いを断ればよいのか、具体的なセリフをまじえながら、「こんな風に反論すればよい」と教えてあげましょう。

「タバコはよくない」といった精神論のようなものを教えても、あまり効果はありません。**できるだけ具体的なセリフを教えておくことが、子どもを悪い道に進ませないための予防になります。**

23 朝食にはオムレツとバナナがオススメ

朝食を食べない人もいるでしょうが、しっかりと食べたほうが、一日を快適に過ごすことができます。

そして、朝食を食べるのなら、オススメのメニューは卵料理とバナナです。これにより栄養だけでなく、気分までハッピーになるはずです。朝からハッピーになれるのですから、こんなによい食べ物はありません。

イギリスの『サンデー・エクスプレス』誌で発表されている研究によると、**「幸せになる秘訣は、黄色のものを食べること」**とのこと。詳しい内容を知りたい人は、ネットで記事が読めますので、そちらを検索してみてください。

朝食にお日さま色の食べ物を食べると、なんと70％の人が、幸福を感じるそうなのです。〝ハッピーホルモン〟も分泌されます。ちなみに、ハッピーホルモンというのは、脳内で分泌される快楽物質で、オキシトシンやβ－エンドルフィンなどのことです。

記事によると、もっとも好まれるのはオムレツとのことです。61％の人は、オムレツを食べると陽気な気分になれるというアンケート結果も出ています。次いで、マカロン、チーズ、バナナ、パンケーキなどが続きます。

オムレツは、そんなに作るのが難しい料理でもありませんし、バナナなどは皮をむくだけですみます。それを食べるだけで、朝からハッピーになれるのですから、こんなに手軽な方法はありません。

もちろん、朝にこだわらなくてもよいのです。

仕事でイヤなことがあったり、恋人に心無い言葉を言われて傷ついたりしたときには、ランチにでも、ディナーにでも、おやつにでもかまわないので、とにかく何か黄色の食べ物を食べてみてください。それだけで気分は高揚してきます。

色彩心理学的にいうと、黄色は、人を幸せにする色なので、持ち物に黄色をたくさん取り入れるのもよいでしょう。

黄色のペンケースを探してくるとか、ひまわりの絵柄の入ったハンカチなどを買ってくれば、たえず黄色を目にすることができ、そういう持ち物を目にするたびに、ハッピーな気分になれます。

ハッピーになるのは、そんなに難しいことでもありません。**もし気分が落ち込んでどうしようもないときには、とにかく黄色のものを食べる**のがいいのだな、ということを覚えておきましょう。

24 悪い情報も積極的に集める

私たちには、基本的に自分にとって都合のいいことばかりを耳にしたいという欲求がありま す。自分にとって、あまり知りたくない情報には、なるべく接しないようにしてしまうのです。例えば、インターネットでのショッピングにおいては、「安さ」ばかりに目を向けてしまって、ショップや売り手の悪い評判であるとか、そういう情報を無視してしまうのです。

「ネットで買い物をするのなら、ネガティブな情報にこそ注目すべき」というアドバイスをしているのが、ニューヨーク市立大学のシャハナ・センです。

センによると、特に、実用的な品物を購入するときには、積極的にネガティブな情報も集めたほうがよいといいます。

センは、実用的な品物として、デジカメ、PDA（個人向け携帯情報端末）、パソコンのモニター、プリンターなどを対象にし、趣味的な品物として、書籍、雑誌、映画、ビデオ、DVD、CDなどを対象にし、それぞれの品物についてポジティブなレビューと、ネガティブなレビューを読んだ人に、「役に立つか？」を尋ねてみました。

その結果、実用的な品物に関しては、ネガティブなレビューを「役に立った」と答えたのは61％にも上り、「役に立たない」と答えたのは39％でした。**実用的な品物については、しっかりとネガティブな情報も集めたほうがよい**ことがわかります。機械類などは、どれほど不具合があるのかなどを知っておかないと、後悔することになりますからね。

一方、趣味的な品物については、ネガティブなレビューはあまり役に立たないようです。センの実験によると、こちらについてはネガティブなレビューは、「役に立たない」と答えた人のほうが圧倒的に多く、72％もいました。

確かに、自分が好きな作家の本や、自分の好きな映画監督の作品に、いちゃもんをつけているようなレビューはあまり読みたくありません。しかも、ネガティブなレビューなら、読まなくてもそんなに実害もありません。

ともあれ、人間はあまりネガティブな情報に接しようとしませんから、実用的な観点から、ネガティブな情報も集めたほうがよさそうなら、積極的にネガティブな情報も集めるようにしましょう。

特に、ビジネスや株式投資の場合には、自分に都合のいい情報ばかりを集めようとするより、**ネガティブな情報を集めたほうが、よりよい判断ができる**ようになるでしょう。

25 相手の姿が見えないと、人は怒りを表しやすい

相手の姿が見えないとき、私たちは怒りを発散することをためらいません。「自分が相手から見えていないのだからいいだろう」と、遠慮をしなくなるのです。

目の前に相手がいる対面の状況では、そんなに怒りを発散しない人でも、例えば、電話のときにはものすごく怒鳴ったりすることがあります。相手の姿が見えないと、私たちは怒りを表現しやすくなるのです。

カリフォルニア大学のパトリシア・エリッソンは、街中で自動車を走らせ、後ろから他の車がやってきたときに実験を行いました。ちょうど信号で停車するタイミングのとき、信号が青に変わっても、しばらく発車せずにそのまま待ってみたのです（最大12秒まで）。そのとき、後ろの車がクラクションを鳴らしてくるまでの時間を計測してみました。

ただし、このときに2つの条件が設定されていました。エリッソンが走らせていた自動車はオープンカーだったのですが、幌《ほろ》を下げておく場合（自分の姿が相手に見えない）と、幌を上げておく場合（自分の姿が相手に見える）です。

その結果、幌を下げておくと、後ろの運転手はすぐにクラクションを鳴らしてくることがわかりました。相手の姿が見えないと、「さっさと発車しろ」という合図をすぐに出してきたのです。また、クラクションを鳴らしている継続時間も、回数も測定してみたのですが、幌を下げて姿が見えないときには、鳴らしている時間も、回数も長くなることを明らかにしています。ところが、オープンカーの幌を上げ、自分の姿が、後ろの運転手にもよく見えるようにしておくと、なかなかクラクションは鳴らしませんでした。鳴らしたとしても、短く1回だけ、となりやさしい合図でした。相手の姿が見えると、人は怒りを見せるのをためらうのです。

仕事でお客さまや取引先に迷惑をかけてしまったときには、できるだけすぐに相手先にお詫びの訪問をするのが正解です。よくあるビジネス書には、お詫びのときにはそうしろと書かれていますよね。これは、心理学的にいっても正解です。顔の見えない電話では逆効果です。電話でお詫びをすませようとすると、相手に怒鳴られやすくなりますから。

きちんと相手のところにお詫びに行けば、おそらくはそんなに怒られずにすむでしょう。私たちは、姿が見えている人には、そんなに激しく怒りを見せることはできないのです。「ああ、いいよ、いいよ。次回からは気をつけて」と軽く怒られるだけですむかもしれません。

人の怒りを抑制するためには、自分の姿を見せるとよいという原理を覚えておくと、いろいろな場面で応用ができるでしょう。人に迷惑をかけてしまうことは、誰にでもあることですから、こういうときにはきちんと相手に会いに行き、顔を見せることが大切です。

26 酔っ払いを無意識に避けるのは大正解

夜道を歩いているとき、ふらふらと酔っぱらっている男性がこちらに向かって歩いてくると、「ちょっと怖いな」と思いますよね。できるだけ距離をとって、目を合わせないように通り過ぎようとしますよね。こういう**直感は大事にすべき**なのです。

私たちは、酔っぱらった男が本能的に危険だということを察知していて、そういう人を避けなければならないと感じるのですね。

アメリカにあるケンタッキー大学のネイザン・デウォールは、「酔っぱらった男は、実際に危険だ」ということを実験的に検証しています。

デウォールはまず、新聞広告を使って実験に参加してくれる人を募集しました。お酒が飲める年齢の21歳から35歳までの553名が集まってくれました。

次に、デウォールは、オレンジジュースで割ったアルコール、または普通のオレンジジュースを飲ませて、20分が経過するのを待ってもらいました。20分待ってもらうのは、十分に酔いが回ってくるのを待つためです。それから、ペアになった相手と反応速度を競うゲームをし、勝ったほうは相手に電気ショックを与えることができるようにしました。

その結果、酔っぱらった男性は、より強い電気ショックを相手に与えようとすることが判明しました。ただし、これは男性参加者のみで、女性の参加者は、いくら酔っぱらおうが、相手に強い電気ショックを与えようとはしませんでした。

この実験は、**なぜか男性だけが酔っぱらったときに攻撃的になる**ことを示しています。夜道で、酔っぱらった男性を避けるのは、大正解だといえるでしょう。酔っぱらった男性は、いつ手を出してくるかわかりませんから。また、デウォールは、実験参加者の体重についても測定しているのですが、太っている人ほど、相手に強い電気ショックを与えることがわかりました。ということはつまり、相手が酔っぱらっている男性で、しかもかなり身体が大きい人ほど避けたほうがよい、ということになります。

そういえば、プロレスラーや、お相撲さんの中には、豪快な人が多くて、酔っぱらって人に迷惑をかけて事件を起こすこともありますが、まさにデウォールの実験で確認されている通りだといえるでしょう。居酒屋で隣のテーブル、あるいは近くの席に、ものすごく大柄な男性がいるときには、席を変えてもらったほうがいいかもしれません。「空調が強すぎる」とか、何とか理由をつけて。酔っぱらった大柄の男性は、ささいなことでこちらにからんでくるかもしれませんから。

「なんとなく、この人は危ないな」と本能的に、直感的に感じるとき、そういう直感は当たっていることが多いので、直感が教えてくれる危険信号には従ったほうがよいのです。

27 犬が恐いと感じる人の理由

世の中には、犬が恐いという人もいれば、犬がかわいくてしかたがない人もいます。両者の違いは、どのようにして生まれてくるのでしょう。

犬が恐いとか、犬が嫌いという人は、ひょっとすると小さな頃に、犬に噛まれたり、吠えられたりしたことがトラウマになり、犬が恐いと感じるようになるのでしょうか。

イギリスにあるバーミンガム大学のシャロン・ドゥーガンは、大学生１００名と、さらに男女15名ずつの子ども（平均８歳と7カ月）に、犬に噛まれた経験などを尋ねてみました。すると、犬が恐い人も、そうでない人も、犬に噛まれた頻度はほとんど同じでした。どうも、イヤな経験によって犬が恐いと感じるようになったのではないようです。

両者を分けるものはというと、小さな頃にどれだけ犬に接するかでした。

小さな頃に、自分の家で犬を飼っていたり、あるいは隣の家で犬を飼っていたりして、犬と遊んだことのある人は、犬が恐いとは感じませんでした。犬に慣れて、親しみを感じるのです。

犬が恐いと感じる人は、犬にあまり接したことのない人でした。

ようするに、「慣れ」の問題だといえます。

小さな頃に、虫を捕まえたり、カエルを捕まえたりしたりしている人は、虫に対してあまり抵抗がありませんし、カエルを素手で触ることもできます。人間は、慣れてしまえばどうということはないのです。その点、都会で育った人は、虫をあまり見たこともないでしょうし、まして は捕まえたりすることもできないでしょう。田舎の人にとっては、トンボやアゲハチョウなどはどうということもない虫なのですが、都会の人は、そういう虫でさえ恐怖の対象になってしまいます。ちなみに、犬が恐いと感じる人は、その恐怖が他の動物にも広がってしまう傾向があります。ドゥーガンの調査によると、犬が恐いと感じる人は、犬だけが恐いのではなく、他の動物（ハムスターや猫など）にも恐怖を感じてしまうのだそうです。犬に対する恐怖に限らないのですが、**恐怖を克服する一番の方法は、とにかく慣れてしまうこと**といえるでしょう。

ペットショップに行って、頭をなでさせてもらうとか、公園で犬を連れて歩いている人を見かけたら、声をかけてちょっと触らせてもらったりしてみましょう。そうやって、犬との接点を増やせば、そのうち恐怖も感じなくなります。

私の知り合いは、犬がとても苦手だったのですが、子どもにどうしても犬が飼いたいと泣いてせがまれ、しぶしぶ犬を飼うようにしたところ、そのうち犬に慣れてしまったばかりか、世話をするのが自分の役目になってしまったと笑って私に語ってくれました。慣れてしまえば、どうということもないことはよくあるものです。

28 親切な人ほど親切にされる

海外旅行をしたいという人と、外国人に自宅の部屋を宿として無料で貸したい人のマッチングサイトがあります。

オランダにあるアムステルダム大学のジャコブレン・ファン・アペルドーンは、旅行希望者になりすまして、架空のプロフィールを189名分作り上げ、サイトに載せてみました。

プロフィールの細かいところは少しずつ変えたのですが、189名を2つのグループに分け、大きなところで一つ条件を変えてみました。

その一つとは、プロフィールに、「私は、以前に他の旅行者に宿を提供したことがあります」ということが書かれているもの。

もう一つのプロフィールには、そういう内容を載せていないものです。

では、どれくらい反応があったのでしょうか。

結果を見ると、「私は、他の人に親切なことをしましたよ」というアピールをしたプロフィールには、「貸してあげるよ」という反応が28・1％もありました。ところが、そういう記載のないプロフィールには、12・9％の人しか貸してもらえませんでした。

過去に、他の知らない**誰かに親切にしておくと、自分が次に誰かに助けてもらいたい状況になると、助けてもらえる確率はグッとアップ**するのですね。

「情けは人の為ならず」という言葉があります。

誰かを助けてあげると、それがまわりまわって、自分のところにも戻ってくるという意味なのですが、社会というものは、まさしくそのように動いているといってよいでしょう。

みなさんが、職場で誰か困っている人を助けたとしましょうか。

すると、その場面を目撃した人、あるいは、そういう話を人づてに聞いた人は、みなさんに対して好感を持ちます。そして、将来的に、みなさんが困った状況に陥ったときには、他の人たちが快く援助を申し出てくれるようになるのです。なんと素晴らしいことではありませんか。

誰に対しても、ケチケチしないで、どんどん親切なことをしましょう。「自分が損をした」などとは考えないでください。そのうち、他の人にも親切にしてもらえるのですから、自分ばかりが損をする、ということにはなりません。

困っている人を見かけたら、将来的に自分が助けてもらえるチャンスが手に入ったと考えたほうがいいでしょう。そう考えれば、親切をためらわずにすみます。

社会というものは、お互いの助け合いによって成り立っているので、他の人にいいことをしてあげれば、必ず、自分も他の人に助けてもらえるものです。たとえ、知らない相手にでも、どんどん積極的に親切にするのがポイントです。

29 「年を取るのも悪くない」と思っていたほうがよい

かつての日本では、年を取ることにあまり抵抗はありませんでした。年を取ることは美徳とさえ考えられていました。お年寄りは敬《うやま》うべき存在でしたし、「老成《ろうせい》」という言葉からもわかるとおり、年を取ることは立派なことだったのです。

ところが、時代は大きく変わりました。

最近では、「加齢」という言葉にはどこかネガティブなニュアンスがつきまといます。加齢はできるだけ避けたいものになってしまっています。「アンチエイジング」がこれほど盛んになってきたのも、年を取ることが避けるべきことになった証左《しょうさ》です。

これはあまりよい傾向ではありません。

年を取ることは、素晴らしいことなのだという気持ちを持ちましょう。そのほうが、逆説的ながら、長生きができるものなのです。

「年を取るのは、イヤだ、イヤだ」と言っていると、かえって老けやすくなってしまう、という驚きの結果を示す研究もあります。

この研究を発表しているのは、イェール大学のベッカ・レヴィです。レヴィは、50歳以上の660名を、23年間も追跡調査し、どんな人ほど早く亡くなるのかを調べてみたのでした。

レヴィはまず、「加齢」に対してポジティブな考えを持っているのか、それともネガティブな考えを持っているのかを調べました。

すると、加齢はよいことととポジティブに考えている人のほうが、「加齢はイヤだ」とネガティブに考えている人に比べて、7・5年も長生きしていることがわかったのです。

皮肉なもので、**加齢はイヤだと考え、せっせとアンチエイジングに励む人ほど、かえって老けやすくなってしまう**のです。むしろ、加齢を心理的に受け入れている人のほうが、なぜか細胞レベルで若々しくいられるということです。

加齢をネガティブに考えている人は、言ってみれば、毎日、自分の年齢をたえず意識していることになります。そういう人ほど老けやすくなるのはいうまでもありません。

加齢をポジティブに受け入れている人は、あまり自分の年齢のことなど考えません。自分の年齢を意識するのは、誕生日くらいでしょうか。自分の年齢を忘れているくらいのほうが、いつまでも若々しくいられるのです。

加齢はどんな人にも等しく訪れるもの。こればかりは、どうにもなりません。どんなにあがいても年は取るのです。ですので、アンチエイジングに励むよりも、**加齢を素直に受け入れていたほうが、心理的にはずっと健康でいられる**のです。

30 部下が伸びる指導方法とは？

部下を指導するときには、アドバイスをしたり、しなかったりとバラツキがあるのはよくありません。毎回、気づいた点を必ず伝えてあげる必要があります。そのほうが部下は能力をぐんぐん伸ばしていきます。

自分が気づいたことを、相手に伝える作業を「フィードバック」というのですが、フィードバックはできるだけ毎回やってあげることが重要なポイントなのです。部下の仕事のやり方の間違いに気づいても、5回に1回しかフィードバックしないのでは、部下はなかなか改めることはできません。面倒くさいと思うかもしれませんが、**毎回、きちんとフィードバックを伝えたほうが、部下も早く改善でき、こちらの指導を必要としなくなる日がくるのも早まる**のです。

ただフィードバックをまとめてやろうとするのも、あまりよくありません。

1週間分の注意をまとめて伝えるとか、1カ月分の注意をまとめてする、というのではダメです。気づいたときには、すぐにフィードバックです。この原理を覚えておきましょう。

フィンランドにあるユヴァスキュラ大学のカイス・モノネンは、ライフル射撃の競技経験のない人を58名集めて、ライフル射撃を教えました。

射撃の精度、安定性、姿勢のバランスなどを58人に教えていくのですが、その際に、２つのグループに分けました。２つのグループのフィードバックは次のように決めました。

ひとつは毎回フィードバックする。もうひとつは2回に1回フィードバックする。

訓練は4週間にわたって続けられたのですが、ライフル射撃の技術の向上が大きく見られたのは、「毎回フィードバックを受ける」グループでした。

フィードバックを、たくさん受けたほうが上達は早いことが研究から明らかになりました。

学校の先生もそうで、生徒を伸ばすのがうまい先生は、ちょこちょこと細かく注意します。跳び箱を教えるときにも、「できるだけ跳び箱の奥のほうに手をついて！」「踏み台のところで止まらないで！」「目線は遠くに置いて！」などと細かくフィードバックすることで、子どもも簡単に跳び箱が跳べるようになるのです。


フィードバックというものは、したりしなかったりではなく、必ず毎回やったほうがいいのです。部下や後輩に仕事を教えるときには、できるだけ毎回教えてあげる、という気持ちを持って指導を行いましょう。そのほうが、上達の度合いも早いでしょうし、みなさん自身の上司としての評価も高まることはいうまでもありません。

31 ホーム・オフィスの落とし穴

世界的な新型コロナウィルス（以下、コロナ）のパンデミックにより、日本でも在宅勤務を余儀なくされる人が増えました。こういうホーム・オフィス、あるいは、バーチャル・オフィスでの仕事は、普通に会社に出社して行う仕事と、どのような心理的な違いがあるのでしょうか。

「自宅のほうが、ラクな恰好で仕事ができるからいいよ」

「上司に邪魔されたりしないから、仕事がはかどる」

そのように感じている人がほとんどだと思います。その意味では、ホーム・オフィスは非常によいことばかりではないか、と感じる人も多いのではないかと思われます。

けれども、ちょっとした落とし穴が潜んでいることも研究で明らかにされているのです。ブリガム・ヤング大学のジェフリー・ヒルは、ＩＢＭで働く数千名のデータを分析し、ホーム・オフィスで働く人ほど、たしかにやる気が高まり、生産性もアップすることを突き止めました。ホーム・オフィスには、よいところが多かったのです。

ただし、自宅で仕事をしていると、どこまでが仕事で、どこからがプライベートなのかをうまく区別できなくなり、個人と家族の生活にネガティブな影響を与えることもわかったのです。

会社で仕事をしていれば、仕事と家庭はきっちり分けることができます。会社に出かけるときには、「さあ、やるか！」と気分が引き締まりますし、帰宅してからは、「さあ、ここからが僕のプライベートな時間だ」とはっきり分けることができます。

ところが自宅で仕事をしていると、そういうはっきりした区別ができません。仕事中なのに、家事をしたり、遊んだりもできるので、仕事とプライベートがごちゃまぜになってきてしまうのです。

自宅というところは、精神的にくつろげる空間であるはずなのに、そこに仕事が侵食してくると、プライベートがまったくなくなったように感じてしまう、ということもあるでしょう。

サラリーマンの中には、「家庭には仕事を持ち込まない。だって、家庭は休むところだから」と考えている人も多いと思うのですが、在宅勤務では否応《いやおう》なしに仕事を家庭に持ち込まざるを得ません。こうして、個人の生活がおかしくなってきてしまうのです。

また、コロナ対応でずっとステイホームしていると、家庭内暴力や子どもへの虐待が増えるというニュースも目にします。どんな状況でも暴力や虐待は許されません。

ホーム・オフィスは便利なところもあるのですが、やはりよいことばかり、というわけにはいかないようです。

32 オフィスのデザインが働く人に与える影響

オフィスのデザインには、さまざまな形があります。一番多いのは、みんなで机を並べるオープン・プランというオフィスでしょう。個人の机が決まっておらず、誰でも好きな机を選べるオフィスは、フレックス・オフィスと呼びます。自分の机はあるものの、勤務時間中の大半はグループやチームで別の部屋で作業をするコンビ・オフィスというのもあります。重役や社長などは、自分一人で部屋を独占できる「個室」ですね。

フィンランドにあるロイヤル・インスティチュート・テクノロジーのクリスティナ・ダニエルソンは、さまざまな形のオフィスで働く469名を対象に、それぞれのオフィスがもたらす心理効果について調べてみました。

「エネルギーが出ない」という回答が一番多かったのが、オープン・プランのオフィスでした。こういうオフィスで働く約70%が、やる気が出なくて困っていることがわかりました。個室で働く人で、「エネルギーが出ない」と答えたのは56%。机を並べてみんなで働く、というのはあまりよくないのかもしれません。ちなみに、病欠が一番多いのも、オープン・プランでした。

もし**社員があまりやる気を出してくれないなら、それはオープン・プランというデザインが**

悪い可能性があります。

オフィスの部屋は一つであっても、それぞれの机の間には、パーティションなどの仕切りを設けるとか、お互いに向き合いにならないようにするとか、オフィスのデザインを変更してみると、社員のやる気も高まるでしょう。

一番やる気が出るのは、やはりというか、個室です。自分だけが空間を独り占めできるというのは、非常に重要なことなのですね。

もちろん、すべての人に個室を用意することなどできませんから、次善の策として、パーティションを利用するのです。正面と横にパーティションがあれば、他の人の姿が視界に入らないので、ほとんど個室と同じようになります。

オフィスのデザインは、社員たちも気づかないところでいろいろなストレスをもたらしている可能性があります。

だからこそ、みんなで話し合って、どのような形のオフィスで働くのがよいのかを決めさせるのもいいでしょう。みんなで決めたことなら、文句も出にくいものです。

オフィスのデザインを決めるときにプロに依頼してしまうと、お洒落ではあるものの、社員にとっては使いにくいデザインにされたりすることもあります。やはり社員でまずは話し合ったほうがよいでしょう。なにしろ、働くのは社員自身なのですから。

33 出生順位がわかれば誰でも読心術ができる

心理学者は、目の前の人が家族の中で兄、姉、弟、妹のいずれなのかを教えてもらえれば、おおよそどんな性格なのかを見抜くことができます。**人はその出生順位によって、ある程度固定された性格になる**ものだからです。

誰だって、**ちょっとした知識があれば、同じように読心術ができます。**

マサチューセッツ工科大学のフランク・サロウェイは、心理学のいろいろな専門雑誌に発表されている、「兄弟の出生順位とその性格」についての１９６の研究を調べました。研究によって、少しずつ結果が違っていたのですが、１９６のうち、72の研究（全体の37％）で正しいとされていたものをいくつか紹介しましょう。

●第一子（長男・長女）は、自己主張的で、リーダーシップ能力が高い

これはわかりやすいですね。長男、長女は年齢が上なので、下の弟や妹を便利に使いながら、リーダーシップを勝手に磨いていくのでしょう。

●末っ子は、親しみやすく、人気者で、お気楽者

これも何となくイメージができます。末っ子は、愛想よくしていないと上の兄や姉にいじめられてしまうため、いつでもニコニコしています。両親も、第一子については期待をかけて厳しい指導をしますが、末っ子になるともう疲れてしまうので、放ったらかして、自由にのびのびと育てます。その結果、末っ子は、お気楽者になりやすい傾向があります。

●第一子は、神経質で、不安を感じやすい

第一子は、性格的に規律正しく、秩序を重んじ、保守的で、計画的で、伝統的なところがあるのですが、そのために細かいことまで気にしやすく、神経質で、不安を感じやすいというマイナス面も持ってしまいます。

ちなみに、中間子（真ん中の子ども）は、第一子と末っ子の中間あたりの性格になります。ほどほどにリーダーシップがあり、ほどほどに人気者になるわけですね。

相手が兄なのか、それとも妹なのかということを知れば、しっかり者なのか、それともお気楽者なのかというくらいは、すぐに読心術が使えますので、みなさんも試してみてください。

34 メンタルトレーニングの効果とは？

頭の中だけでやるトレーニングは、イメージトレーニングとか、メンタルトレーニングと呼ばれています。メンタルトレーニングは、いつでもどこでもやることができますし、道具や機材などの特別な準備もいりませんので、実にやりやすいトレーニング法だといえます。

「実際に訓練しなければ、技術なんて向上しないよ」
「ラクなやり方をしても、効果なんて見られないよ」

そう思う読者がいるかもしれません。メンタルトレーニングという言葉には、なんだかいかさま臭い感じがするのですよね。

それでは、実際のところ、メンタルトレーニングは効果があるのでしょうか。それとも、やはりきちんと実際の訓練をしなければならないのでしょうか。

イタリアにあるミラノ・ビコッカ大学のニコロ・ベルナルディは、プロのピアニスト16名に集まってもらい、課題曲を与えて、半数の8名にはメンタルトレーニングを、残りの8名には実際のピアノでの訓練をしてもらいました。トレーニングは、どちらも7分間の訓練を2回です。メンタルトレーニングのグループには、鍵盤《けんばん》をイメージし、自分が弾いている指や、姿勢なども頭の中でイメージするように伝えておきました。

それからどちらのグループにも課題曲を弾いてもらったのですが、どちらのグループでも、ピアノを弾く速さも、正確性も向上することがわかったのです。つまり、**メンタルトレーニングはインチキな方法ではなくて、実際に効果のある練習法**だといえるのです。

では、実際の訓練に比べると、どうなのでしょう。ベルナルディは、効果の比較も行っているのですが、メンタルトレーニングのほうが、実際の訓練に比べると、効果の点ではわずかに劣《おと》りました。練習の効果を高めたいのなら、やはり、実際に訓練をしたほうがいいのかもしれません。ただし、実際に練習したほうがいいといっても、練習が難しい人もいます。ピアノが自宅にないとか、ピアノの音が気になって、思うように練習できない、というように。

そういう人は、頭の中で鍵盤をイメージし、ピアノを弾いている場面をイメージするとよいですね。そういうメンタルトレーニングでもけっこう上達するものですから。

ちなみに、メンタルトレーニングは、ピアノの演奏だけでなく、他の技術を習熟するとき、たとえば、スポーツの技量を高めるときにも、英語やスペイン語などの語学の学習においても効果的なやり方であることがわかっています。ぜひ**自分のスキルアップにメンタルトレーニングも試してみてください。**

35 アルバムの写真の位置で評価が変わる

学校の卒業アルバムには、それぞれのクラスの全体写真のページがあります。生徒全員の顔写真が、見開きのページに載せられたりしているわけです。そういう写真を他の人に見せて評価してもらうと、とても面白い現象が起きます。簡単にいうと、「上」のほうに顔写真が置かれるほど男性はモテやすく、「下」のほうに置かれるほど、女性はモテやすくなるのです。

空間的に、「上」は、強さや地位に結びついています。そのため、女性は、「上」のほうに置かれた男性を好ましく思うのです。

逆に、空間的に、「下」は、若さや従順さと結びついています。したがって、男性は「下」のほうにある女性を好ましく思うのです。

アメリカのゲティスバーグ大学のブライアン・メイヤーは、大学のイヤーブックから男女100名ずつの写真を抜き出し、それぞれの顔に点数をつけてもらいました。そして、平均に近くて、同じような魅力の男女30名ずつの写真を使って、実験を行っています。実験の内容は、とてもシンプルです。コンピュータの画面に写真が出てくるので、それに点数をつけるだけ。

■表⑧　写真の配置と魅力度の関係性

	写真の配置場所	魅力の得点
男性被験者	上に配置された女性	313.61
	下に配置された女性	319.17
女性被験者	上に配置された男性	298.47
	下に配置された男性	293.99

※数値の魅力は、1点から750点満点

ただし、半数のグループには、画面の「上部」付近に写真が提示され、別のグループには画面の「下部」付近に写真が提示されたのです。

すると、表⑧のような結果になりました。

データから、**男性の写真は、上に置かれたときのほうが、女性からのウケがよくなり、女性の写真は、下に置かれたときのほうが、男性からのウケがよくなる**ことがわかります。

卒業アルバムの写真では、自分の顔がどの位置に置かれるのかを選ぶことはできませんが、もし運よく上のほうに置かれたら、男性なら女性にモテるでしょう。女性は、その反対です。

ちなみに、名刺に自分の顔写真を刷り込んでいる人もよくいますが、男性の場合には、できるだけ名刺の「上」のほうに写真を置き、女性は「下」のほうに写真を置くと効果的です。そのほうが、それぞれが名刺を配った相手からも印象がよくなるはずですから。

36
にこやかな顔は強そうにも見える

強気な態度で交渉に臨《のぞ》もうというとき、私たちは眉間にシワを寄せて、できるだけ怖そうな顔を作ろうとするものです。いかつい顔をしていたほうが、強そうな印象を与えるのだと思っているからです。ヤクザ映画などに出てくる俳優は、みな怖そうな表情を作ってます。

けれども、別に怖い顔をしなくとも、強さのアピールはできるのです。

どういう顔をすればいいのかというと、静かに、軽く微笑んでみるのです。

「そういう顔では、ナメられてしまうのでは?」という懸念を持つ人がいるかもしれませんが、大丈夫です。むしろ、静かに微笑んでいる顔は、どっしりとした心理的な余裕を感じさせるものなのです。

スタンフォード大学のブライアン・ナットソンは、微笑んだ顔、怒った顔、不快な顔、恐怖の顔、悲しい顔、無表情を見せて、マイナス3点からプラス3点までで、「親しみやすさ」や「強さ」の印象を尋ねてみました。

すると、**微笑んだ顔は、「親しみやすさ」の得点も高かったのですが、「強そう」にも見える**

ということがわかりました。微笑んでいるからといって、弱そうに見えるのかというと、逆です。決して弱そうには見えませんので、ご安心ください。

こちらが怖い顔をしていたら、交渉もうまくいきません。お互いに緊張してしまい、腹を割って話すことができなくなり、交渉も決裂する可能性があります。

その点、微笑んだ顔は、親しみを感じさせますから、交渉もうまくいきます。それでいて、しっかりと「強さ」のアピールもできるので、相手にナメられたりすることも予防できます。

ジョゼフ・フーシェという、フランス革命期からナポレオン時代、王政復古に至るまでの動乱期を巧みに泳ぎ切った政治家がいます（シュテファン・ツヴァイク著『ジョゼフ・フーシェ　ある政治的人間の肖像』）。

フーシェは、どんなに激《げき》したときでも顔の筋一つ動かさず、静かな微笑みを顔に浮かべていたそうです。フーシェは誰からも一目置かれる存在だったそうですが、その静かな微笑みのせいでしょう。

フーシェの例を見てもわかる通り、微笑んでいるからといって、弱く見えたりすることはありませんので、静かな微笑みができるように、日頃から訓練しておくとよいかもしれません。

37 軽く運動した後や微熱のときの男性はモテる

女性に告白するのでしたら、軽く走ってきた後や、あるいは体調を少し崩して微熱があるときがよいかもしれません。おかしな話だと思われるかもしれませんが、心理学的にはそんな予想もできたりするのです。

運動と微熱には、共通点がないと思われるかもしれませんが、実は共通することが一つあります。それは、どちらも「体温が上がっている状態」であることです。運動をすれば、当然、体温が上がり、顔も上気した感じになります。つまり少し赤みのある顔になるのです。微熱のときもそうです。体温が上がり、顔が少し火照った感じになります。こういうときに女性にモテやすくなります。

一部の鳥類や魚類では、オスの体表の〝赤さ〟が強さを表し、メスを惹きつけることが知られています。このメカニズムは人間にもあり、**少し顔が火照ったような感じの顔は、人間の女性にも魅力的だと思われる**ようなのです。

マレーシアにあるノッティンガム大学のイアン・ステファンは、21名の男性の写真を用意し、45名の女性にコンピュータの画面でその写真を見せてみました。なお、女性は、マウスをクリックして、オリジナルの写真の顔に、赤みを足していく（または減らしていく）ことが求められました。赤みの段階は、プラス16からマイナス16までが準備されていました。

ステファンはまず女性たちに、「できるだけ攻撃的な人に見えるように赤みを変化させてください」とお願いしました。すると、女性たちは平均でプラス6・24にまで顔を赤くしました。次に、「できるだけ強そうな人に見えるように」という指示では、プラス3・66でした。最後に、「できるだけ魅力的に見えるように」という指示ではプラス1・97という結果になりました。つまり、女性は、もっとも赤い顔を「怒りっぽい」と感じ、中くらいを「強そう」、ほんの少し赤みのある顔を「魅力的」と感じることが、この実験で確認されたのです

女性は、ほんの少し赤みのある顔を魅力的だと思うのですから、ここから推論されることは、軽く運動した後の男性もモテるだろうし、微熱の男性もモテるだろう、ということです。

ただし、あくまでも赤みは、ほんの微《わず》かでなければなりません。激しく運動した後の真っ赤な顔では逆効果です。「怒りっぽい人なのかな」と思われてしまいます。

ベストな方法は、告白する前に、女性を軽いスポーツに誘ってみることです。ボルダリングとか、テニスなどを一緒にやりましょうと誘ってみてください。一緒に汗を流すことは爽快ですし、運動することによって顔も少し赤みが増しますから、みなさんの魅力も普段より2割増し、3割増しくらいになるかもしれません。そういうタイミングなら、告白も断られにくい（絶対というわけではありません）のではないかと思われます。

38 「注意書き」だけではルールを守らない

フードコートに行くと、テーブルに注意書きが置かれていることがあります。たとえば、「食器はセルフ・サービスで片づけてください」といった注意書きは、よく見かけるものです。

けれども、こういう注意書きは思ったほどの効果を見せません。きちんと指示に従う人もいることはいるのですが、ゴミをそのままテーブルに残して立ち去る人のほうが多かったりするのです。

街中を見ると、「ごみを捨てないで」というたくさんのポスターや看板などが置かれています。実のところ、あれらもそんなに効果は上げていません。私たちは、注意書きには素直に従わないものなのです。

では、**どういうときにきちんと指示に従うのかというと、他の人がやっているときです。**

ゴミの分別でいうと、他の人がきちんとやっていれば、自分も同じようにやります。けれども、他の人がやっていなければ、ゴミを全部まとめて捨ててしまうことのほうが多くなります。「面倒くさいから、いいや」と思うのでしょう。

カナダにあるヴィクトリア大学のルーベン・サスマンは、あるフードコートで、注意書きの効果を調べました。

サスマンはまず、それぞれのテーブルに、「残り物、割りばし、プラスチックのフタなどはきちんと分別しましょう」という注意書きを置いておきました。この注意書きは目立つもので、フードコートの利用者が、気づかないということは絶対にありませんでした。

ところが、ゴミ捨て場できちんと分別をしてくれたのは、わずかに19％。84人の利用者のうち、16名しか注意書きには従ってくれなかったのです。

次に、サスマンは、アシスタントをゴミ捨て場のそばに待機させ、利用者がそちらに向かって歩いてきたら、すぐに立ち上がり、自分が先にゴミの分別をしている姿を見せてみました。すると、このときには34％が分別しました。87人中30人が分別してくれたことになります。

34％でもまだまだ少ないのですが、注意書きに比べればずいぶんと効果があります。

注意書きを見ても人は従いませんが、他の誰かがやっていれば、それを完全に無視するのも気がひけるのでしょう。

社内で何かのルールを決めるときには、トイレや廊下の壁などに注意書きをペタペタとたくさん貼るよりは、一人でも多くの人にルールに従ってもらって、その姿を他の人にも見せるようにしたほうがいいでしょう。**注意書きだけでは、誰もルールを守らない**ものなのです。

39 好きなものでも連続すると飽きる

どんなに好きな食べ物でも、3食ずっと食べていたら、いいかげん飽きてしまうでしょう。私たちには、食事に関してちょっとワガママなところがあり、たまには違うものを食べたいと思う心理があるのです。

オックスフォード大学のE・ロールズは、エチオピアからの難民キャンプで、約半年間暮らしている24名と、やってきたばかり（平均2日前）の24名に、出されている料理について評価してもらいました。

このキャンプでは、きちんと栄養を考えた料理が提供されていました。パンケーキ、豆、ミルクです。ただし、料理はいつでも一緒でした。このいつもの料理と、別に違う料理も用意しました。小麦のパン、平豆のシチュー、麦芽ミルクです。それぞれを食べてもらって、そのおいしさを、「まったくおいしくない」（マイナス2点）から、「とてもおいしい」（プラス2点）で得点をつけてもらったのですが、表⑨のような結果が得られました。

6カ月も同じものを食べ続けている人にとっては、いつもの料理は「あまりおいしくない」と感じられていることがわかります。2日前にやってきたばかりの人にとっては、どちらの料

■表⑨　料理の種類とおいしさの評価

料理の種類	いつもの料理	違う料理
6カ月間暮らしている人	0.28	1.31
2日間しか暮らしていない人	1.31	1.29

理も十分においしく感じられたのですが。

栄養がどうこうという話ではなく、私たちは同じものばかり食べていると、おいしく感じられなくなってしまうのです。

これは味覚だけの話でなく、他の感覚でも同様です。かぐわしい香りでも、ずっと嗅いでいたら何とも思わなくなってしまいますし、素晴らしい絶景でも、ずっと見ていたら感動もしなくなります。マッサージされるのも気持ちいいことですが、やはり少し続くと、もういいかな、という気持ちになるでしょう。

私たちの感覚というものは、次第に鈍麻《どんま》していくものなのですが、味覚に関してもそうなのです。

昔の日本人は、ご飯と漬物くらいしか食べていなかったでしょうから、おそらくは食事を楽しみにすることもなかったのではないかと思われます。豊かな食材に囲まれた現代人は、その意味ではものすごく恵まれているといえるでしょう。

40 香りでお手軽ダイエット

食べ物の**「香り」を嗅いでいるだけで、私たちは、それを食べた気分になってしまいます。**

この原理は、ダイエットにも利用できます。

香りは、いうまでもなく、カロリーゼロ。にもかかわらず、香りを十分に楽しめば、それだけでお腹いっぱいだと感じやすくなるからです。こんなに手軽にできるダイエット法はありません。

オランダにある食品栄養研究所のルネ・デウィークは、市販のフレッシュバニラ、カスタード、デザートを好きな分量だけ一口ずつ食べるという実験をしてみたことがあります。ただし、ある参加者にだけは、強いバニラクリームの香り（通常の香りの16倍の濃度）を嗅がせてから、食べてもらいました。

香りがない場合だと、参加者たちは一口で食べる量が多くなりました。それだけたくさんの量を食べたことになります。ところが、強い香りを嗅ぎながら食べた人は、一口に食べる量も減り、最終的には食べる総量も少なくなったのです。

この実験を参考にするると、ダイエットをするのなら、香りを強めれば効果的だとわかります。香料などを増やせば、それだけ食べる量も少なくなります。唐辛子やコショウなど、スパイスをたくさん振りかけて、香りを出すようにすれば、食べる量が少なくてもある程度の満腹感が得られるでしょう。

香りがないと、私たちはついつい食べ過ぎてしまいます。

ですから、香りがないものよりは、できるだけ強い香りの食べ物を選ぶのもポイントです。

私たちは、**濃厚な香りを楽しんでいると、実際にはそんなに食べなくても十分に満足できてしまう**のです。

果物もそうです。香りの強いメロンは、香りのあまりしないメロンよりも、そんなに食べなくてもすぐに満足できるでしょう。

あるいは、料理を食べるキッチンやリビングに、食事前にはフローラルなアロマなどを漂《ただよ》わせてみるのはどうでしょうか。香りが強いところでは、私たちは食べる量が減るでしょう。

とはいえ、あまりに強烈なアロマを部屋中に振りまくと、今度は気持ち悪くなってきて、食事をしたいという欲求自体がなくなってしまう可能性があります。それはそれで食べる量が減ると思えばよいのかもしれませんが、せっかくの料理も台無しになってしまうので、やはりある程度までにしておいたほうがよさそうです。

41 香りは思い出を引き出す

ある種の香りは、私たちにその香りに関連した思い出を引き起こします。**香りが引き金となって、普段は忘れていても、記憶の奥にある思い出が自然と引き出されてしまう**のです。

日本人にとって身近なのは、たとえば、それは味噌の香りでしょうか。

私は、味噌の匂いを嗅ぐと、お味噌汁、そしてそれに関連して、自分の母親のことを思い出してしまいます。時には小さな頃の思い出が頭に浮かぶこともあります。

人によって、思い出す内容も、引き金になる香りも違うとは思いますが、誰にとっても〝思い出の香り〟というものはあるはずです。ある香水の匂いを嗅いで、昔の恋人のことが瞬時に思い出されたりすることもあるでしょう。

ちなみに、アメリカ人にとって、懐かしさや、昔の思い出を引き出す香りは、「パンプキンパイ」の香りであることもわかっています。

ヴァージニア・コモンウェルス大学のチェルシー・レイドは、12の香りを嗅いでもらい、「この香りは、あなたにノスタルジーを感じさせますか？」と尋ねる実験をしているのですが、

パンプキンパイの香りを嗅いでもらったときには、67・72％が「感じる」と答えたのです。また、ベビーパウダーの香りも、ノスタルジーを感じさせることがわかりました。61・01％がそう答えたのです。

私も、ベビーパウダーの匂いや、粉ミルクの匂いなどを嗅ぐと、自分の息子が赤ちゃんだった頃などを鮮明に思い出します。「あのときは、夜泣きして大変だったなあ」といったことが、まざまざと思い出されるものです。

レイドによると、**香りが思い出させる内容には、ポジティブなものが多く、人とのつながりですとか、人生で自分に意味のあったことなどがよく思い出される**そうです。あまり、不愉快なエピソードなどは思い出さないようですね。

私は川の匂い、浜辺の磯の匂い、森や林の匂いを嗅ぐと、子どもの頃にタイムスリップしたのではないかというくらい、すぐに思い出が頭に浮かぶのですけれども、おそらくは読者のみなさんにとっても、懐かしい匂いというものはあるでしょう。

重油やガソリンの匂いは、普通の人にとって決して好ましいものではありませんが、たとえば、自分の父親が工場で働いていて、作業着に油の匂いなどがしみ込んでいるのを子どもの頃に嗅いでいた人は、重油の匂いでさえ、楽しい思い出を引き出すかもしれません。

自分にとって、どんな香りがどんな思い出を引き起こすのかを知っておくと、楽しい思い出を引き出すのに役立つ小道具として、その香りを利用することもできるかもしれません。

第3章

「心」と「身体」の関係がわかる心理学

42 嬉しい感情は声だけでも伝わる

「笑顔」という言葉には、「顔」という言葉が入っていますが、笑顔になったときの感情というものは、顔を相手に見せなくとも伝わるものでしょうか。

結論からいえば、**声だけでも、その人がどんな感情なのかは、ある程度まで読み取ることができる**ようです。

読者のみなさんは、誰かから電話がかかってきたときに、相手がどんな感情なのかが、なんとなくわかった、という経験はないでしょうか。

声だけを聞いて、なんとなく嬉しいということがわかり、「なになに、どうしたの？ なにか楽しいことでもあった？」と相手に尋ねた経験があるかもしれません。

これ自体は、そんなに驚くようなことでもありません。別に心理学者でなくても、たいていの人は、相手が嬉しいかどうかを声だけからでも見抜くことができますから。

アメリカにあるラトガース大学のV・タータ―は、男女3名ずつに、25個の意味のない単語と、4つの文章を読み上げてもらい、そのときの声を録音させてもらいました。ただし、読み上げるときには、「笑顔」か「無表情」で読み上げてもらいました。その声を、関係のない高校生と大学生に聞いてもらい、声だけで笑顔か無表情かを見抜けるのかを実験してみたのです。

では、どんな結果になったのでしょう。なんと、笑顔は、声だけでも伝わることがわかりました。正解率は、70・7％というかなりの高確率。ほとんどの場合において、声を聞けば、その人が笑っていることもわかってしまったのです。

笑顔を作っていると、声も変わってきます。笑顔なのに、怒った声や、不機嫌な声は出せません。**笑顔になっていると、どうしても嬉しいときの声が出てしまう**ものなのです。

ちなみに、嬉しいときの声というのは、弾んで、陽気な声です。音階でいうと、「ソ」や「ラ」のような、高い声が出てきます。こういう手がかりに気づいて、人は相手が嬉しい感情であることを見抜けるのです。

なんとなく「この人は、嬉しいことがあったのだろうな」と気づいたときには、「ひょっとして、嬉しいことがあった?」と水を向けてみましょう。きっと相手は、「いやあ、実はさあ…」と、ハッピーなエピソードを聞かせてくれるはずです。本当は、自分でも愉快なことを相手にしゃべりたくてしかたがないので、こちらから質問してあげれば、相手は喜んでしゃべってくれるでしょう。

43 笑顔は人に見せるため!?

笑顔というものは、一般に、「嬉しさ」の感情であると考えられています。

もちろん、それは間違いありません。人は、嬉しいことがあると自然に笑顔がこぼれてしまうものだからです。

けれども、笑顔が、「嬉しさ」の感情だけなのかというと、そうではありません。**笑顔は、自分が嬉しいことを相手に伝えるためのサイン**でもあるのです。「ほら、私は喜んでいるんですよ」ということを相手にわかってもらうために、人は笑うのです。

スペインにあるマドリード自治大学のジョゼ・フェルナンデス・ドルズは、１９９２年のバルセロナ・オリンピックに出場し、金メダルを受賞した男女22名の表情を分析してみました。

表彰式においては、委員会の人がやってくるのを待つ（第１パート）、メダルを受け取る（第２パート）、国旗が掲揚され、国歌を斉唱する（第３パート）という、式を３つのパートにわけることができるのですが、それぞれのパートにおける笑顔の時間の割合を測定してみたのです。すると、表⑩のような結果になりました。

■表⑩　表彰台における笑顔の割合

パート	割合
第1パート	2.76%
第2パート	47.75%
第3パート	0%

笑顔が単純に嬉しさの感情であれば、金メダルをとった人は、どのパートでもずっとにこやかに笑っているはずですよね。ところが、実際のデータはそうなっていません。特に、他の人とやりとりをするわけでもないパートでは、人は「ほとんど笑わない」のです。

金メダリストが笑うのは、人に見せるため。委員会の人にメダルをもらうときには笑顔を見せますが、それ以外では、あまり笑っていませんでした。

メダリストが雑誌やテレビの取材を受けるときもそうですよね。カメラを向けられると、選手たちはとびっきりの笑顔を見せますが、そうでないときには笑ったりしません。笑顔を見せるのは、社会的な行為なのであって、本人の感情だけで生起《せいき》するものではないのです。目の前に他の人がいるから、私たちは笑うのです。

どんなに笑い上戸の人でも、自分一人でいるときには、めったに笑わないのではないでしょうか。誰かと一緒にいるから、笑い上戸の人は、声を上げて笑って見せるのであって、一人で何かをしているときにまで笑っているのかというと、そんなこともないでしょう。

笑顔を見せられると、見せられたほうも嬉しい気持ちになります。

人間はそういうことをわかっているので、誰かに話しかけられたりすると、ついニッコリと微笑んで、相手を喜ばせようとするのかもしれません。

44 うつな人が、ますますうつになっていくメカニズム

うつな気分というものは、放っておけばそのうちによくなっていくこともありますが、たいていの場合には、どんどんひどくなっていくものです。

気分が落ち込んでしまったとき、明るいことを考えようとしても、どんどん深みにはまっていくように暗い気持ちになってしまったことはないでしょうか。

ではなぜ、うつはひどくなってしまうのでしょう。

その理由は、うつな気分の人は、ネガティブなことのほうに目を奪われてしまうからです。

テンプル大学のローレン・アロイは、うつな人と、そうでない人に心理テストを行い、「あなたはこういう人ですよ」というインチキな診断を渡してみました。その診断結果には、その人にとってよいことと、悪いことの両方が書かれていました。

すると、**うつな人は、自分自身についてのネガティブなことばかりをよく記憶し、ポジティブなことは無視する**傾向にあることが明らかにされました。

「あなたは人に好かれやすい性格をしていますよ」というポジティブな結果は、うつの人にはまったく頭に残らず、「あなたは暗い人生を歩む確率が高いでしょう」といったネガティブな

結果ほど、頭に残ってしまったのです。

自己啓発本を読むと、「明るいことだけを考えなさい」というアドバイスが書かれていますが、うつな人には、そういうことはできません。できないことを「やれ！」と言っているのですから、無茶苦茶なアドバイスなのです。うつな人だって、明るいことを考えたいのです。けれども、どうしても、ネガティブなことばかりに注意が向かってしまうのです。これは、もうどうしようもありません。そういう心理メカニズムがあるのだ、と割り切って考えるしかないでしょう。「明るいことを考えなければ」などと努力しても、どうせ気分が落ち込んでいるときには、そんなことはできないのですし、結果として、暗いことばかりが頭に浮かんでしまうと、「自分は本当にダメなヤツだ……」と余計に落ち込むことが目に見えています。

気分が落ち込んだときには、**「明るいことを考えよう」ではなく、何か他のことに目を向けようとするのが正解**です。できれば、何か行動するのがよいでしょう。その間は、頭の中が自然と空っぽになりますから。

皿洗いをしたり、ガーデニングなどをしたりしていると、少なくとも集中して作業をしている間には、ネガティブなこともあまり頭をよぎりません。そのため、うつな気持ちも知らないうちに消えてくれるのです。お寺の住職さんが、毎日、お掃除をしているのは、そうすることによって頭の中をからっぽにでき、煩悩《ぼんのう》を持たずに済ませられるからでしょう。お掃除をするというのは、心理学的にいっても、頭を空っぽにするのによい方法だといえます

45 同性愛者の苦悩は大きい

同性を好きになる同性愛者は、なかなか社会に受け入れてもらえません。

そのためでしょうか、他の人よりもストレスの度合いが非常に大きいのです。

アメリカでは、若者の死因の2位は自殺なのですが、特に多いのが同性愛者の自殺です。なぜ同性愛者に自殺が多いのかというと、それだけ苦悩が大きいからに他なりません。本人はひどく苦しみ、その結果、自殺することを選ぶ人も出てきてしまうのです。

ジョンズ・ホプキンス大学のジュリア・レイフマンは、アメリカの同性婚を法律で認めている32の州と、認めていない15の州における、1999年から2015年までの統計を調べてみました。

同性婚を法律で認めている州では、同性愛者のストレスは少し減るでしょうから、自殺も少ないはずだ、とレイフマンは考えてみたのです。

その結果、たしかに1回以上の自殺未遂の割合は、同性愛を認めない州のほうが高いことがわかりました。

また、法律を改正して同性婚を認めるようになった州において、その前後での自殺未遂者を調べると、同性婚を認めるようになった後では、７％ほど自殺未遂者が減ることも確認されました。

同性婚が法律で認められるということは、社会的に受け入れるということですから、そういう州のほうが、同性愛者もストレスや苦悩が減少するのでしょう。

世界的には、少数派だからといって差別しないように法律の改正がなされるところが多く、同性愛者に対しても寛容な態度がとられるようになっています。

日本では、まだ同性婚は認められていません。今後は、改正されて結婚できるようになるのかもしれませんが、残念ながらしばらく同性愛者の苦悩は続くと心理学的に予想されます。

自分が同性愛者であることを隠しながら、こっそりと生きていかなければならないのは、本人にとってどれほど大きなストレスになるのかは想像に難くありません。日本でも、戦国武将の間では、同性愛もそれなりに盛んだったようですが、なぜか現代では、同性愛者であることが差別の対象になってしまいました。

性的少数派のことを、ＬＧＢＴＱ（レズビアン、ゲイ、バイセクシャル、トランスジェンダー、クィア）と呼びますが、彼らに対して日本はあまり寛容ではありません。保守派の抵抗も激しく、法律の改正がなかなかなされません。彼らの苦悩がまだ続くことを考えると、ちょっとかわいそうな気がします。今後、私たちが変えていかなければならない問題です。

46 ダイエットはモチベーションが鍵

ダイエットを成功させたいのなら、まずは自分のモチベーションを高める「ごほうび」を用意しておくとよいでしょう。「ごほうび」があれば、人間は本気でやろうとします。逆にいうと、ただ何となくダイエットを始めても、2日ほどですぐに諦めてしまうでしょう。

モチベーションを維持するためには、絶対に「ごほうび」が必要なのです。

ペンシルバニア大学のケヴィン・ボルプは、BMI（肥満度）が30から40までの肥満者を募集しました。年齢は30歳から70歳までです。なぜこの年齢に限定したのかというと、30歳以下ではダイエットのリスクがあり、70歳以上ではダイエットの効果があまりないということがわかっているからです。このプロジェクトに参加してもらった肥満者たちには、1週間に0・45kgの減量を目標として、16週間続けてもらいました。ただし、プログラムを開始するにあたって、3つの実験条件が設定されました。

第1のグループでは、まず自分で決めた金額を実験者に預け、減量目標を達成できたら、月末にまとめて返してもらえる、というやり方をとりました。もともとは自分のお金とはいえ、ダイエットによってお金がもらえるのですから、モチベーションも高まったはずです。

第2のグループも、基本的には同じでした。まずいくらかのお金を実験者に預け、減量目標を達成できたら、くじを引くことができ、そのくじが当たったらお金がもらえる仕組みです。

第3のグループでは、何もしませんでした。毎朝、食事前に体重を測定するだけです。

さて、16週間後には、どんな結果になったのでしょうか。

第1グループでの体重の減少の平均は、6・35kgでした。「痩せれば確実にお金がもらえる」というやり方は大成功でした。

第2グループでの体重の減少は、5・94kg。こちらもまずまずでしたが、くじで当たらなければお金がもらえないということで、少しモチベーションが落ちてしまったようです。

第3グループでの体重の減少は、1・76kg。ただ体重を測っているだけなのに、それでも16週間後には、2kg近くは痩せられたのです。肥満を予防したいとは思うものの、面倒なことは何もしたくない人は、とりあえず体重計に乗るだけでもいいでしょう。それだけでも、自分の体重を意識し、少しは痩せられるかもしれません。

本気でダイエットをしたいなら、モチベーションを高める必要があります。自分なりのごほうびを用意し、それを誰かに預け、うまくいったらそのごほうびを自分に返してもらうようにするのです。**まったく何のごほうびもないと、人間はやる気になりません。**自分なりのごほうびを設定してからダイエットを始めるというのはよいアイデアです。

47 おいしいと思って食べると、何でもおいしい

食べ物のおいしさについて、客観的な基準はありません。本人が「おいしい」と思って食べれば、何でもおいしく感じられるでしょうし、「おいしくない」と思って食べれば、不味いと感じられてしまうものです。**おいしさは、本人の主観によって決まるのです。**

たとえば、子どもは、ファストフードが大好きです。

大人は子どもに付き合ってファストフードを食べるケースが多いでしょうが、子どもは、おいしい、おいしいと連呼しながら食べます。それは本当においしいのではなく、本人がおいしいと思い込んで食べるからだということがわかっています。

スタンフォード大学のトーマス・ロビンソンは、平均4・6歳の63名の子どもに、ハンバーガー、チキンナゲット、ポテト、ミルク、ニンジンスティックを用意し、それを食べてもらっておいしさを評価してもらいました。

ただし、商品はまったく同じでしたが、片方はマクドナルドのロゴのある包み紙に入れられていて、もう片方には、無地の包み紙に入れられていました。

おいしさを比較してみると、マクドナルドのロゴが入っていると、子どもたちは「おいしい」と感じることがわかりました。

「それは子どもだからそう思うのであって、大人なら、おいしくないものは、おいしくないってはっきりとわかるはずだよ」と思った人がいるかもしれません。

けれども、それは大きな間違いでした。

大人だって、おいしいと感じるかどうかは、主観にすぎません。

カリフォルニア工科大学のヒルク・プラスマンは、5ドルのワインと、90ドルのワイン（実はボトルの中身は同じもの）を飲んでおいしさを評価してもらう実験をしたのですが、大人も90ドルのワインはおいしいと言って飲むことがわかりました。5ドルの安ワインでも、本人が90ドルのワインだ、と思い込んで飲むと、本当においしく感じられるのです。

プラスマンは、ワインを飲んでいるときの脳の活動をｆＭＲＩ（磁気共鳴機能画像法）という装置で調べてみたのですが、内側眼窩《がんか》前頭《ぜんとう》皮質《ひしつ》という領域が活性化していることがわかりました。この部位は、快楽に関係した部位で、本当においしいと感じていたことを示しています。

大人も子どもも関係なく、私たちは、「これはおいしいんだ」と思って食べれば、何でもおいしく食べることができるのです。なぜなら、おいしさを決めるのは、本人の思い込みなのですから。

48 「減塩」というラベルはつけないほうがよい

現代人のヘルシー志向を反映してか、食品メーカーは、やたらと「減塩」という言葉を使いたがります。そのほうが、消費者にアピールできると考えての結果でしょう。

しかし、私がマーケティング担当者であれば、「減塩」のアピールはたぶんやめます。

なぜなら、**「減塩」という言葉をつけると、せっかくの食品が、〝まずい〟と感じられてしまう**からです。ヘルシー志向の消費者は、たしかにヘルシーな食べ物を望んでいるとは思いますが、〝まずい〟ものは望んでいません。ヘルシーであっても、〝まずい〟と感じてしまっては、本末転倒でしょう。

オーストラリアにあるディーキン大学のディーン・リームは、オーストラリアで市販されているチキン・ヌードルを使って、ある実験をしました。

リームは、あるデザイン会社にお願いして、チキン・ヌードルのカップに手を加えました。「減塩」と表示したラベルの入ったもの（「塩を減らして、おいしさアップ」）と、通常通りの「減塩」の表示のないラベルのものを準備したのです。

実際に味わってもらってから9点満点でおいしさを評価してもらったところ、ラベルのないものは、４・5点という評価でしたが、ラベルがあると3・9点となりました。なお、実際に含まれる塩分は、どちらも同量の３０５㎎でした。

私たちは、「減塩」と聞くと、それだけで、「たぶんまずいんだろう」「味が薄いんだろう」と思って食べることになります。そのため、〝まずい〟と感じてしまうのです。

「減塩」などというラベルをつけると、消費者はおいしくないと感じるので、自分でさらに塩を追加してしまう可能性もあります。これでは、何のために減塩しているのか、わかりません。

たしかに、消費者はヘルシー志向ではあるものの、「おいしいものを食べたい」という欲求のほうが強いものです。食品メーカーとしては、おいしいものを作って売り出すべきです。

おいしいものは、少しくらいヘルシー志向から外れていても絶対に売れます。

スターバックスのコーヒーには、生クリームなどがたっぷり使われているメニューが多く、普通のコーヒーに比べれば、明らかにカロリーは高すぎますが、それがいいという消費者の心をつかんでいます。ハーゲンダッツのアイスクリームも同様です。ものすごく濃厚な味で、これを食べたら絶対にカロリーオーバーということは消費者もわかっているのですが、それでも「食べたい」という欲求のほうが強いのです。

「減塩」というラベルをつけておけば、消費者は買うだろうと思うのは、まったくの間違いで、本当は「おいしいものを提供する」ことを考えるべきなのです。

49 一緒に食事をしている人で食べる量が変わる

お腹が空いたら、私たちは食事をします。当たり前のお話です。

ところが、人は、必ずしも生理的欲求に応じて食事をとっているわけではありません。もし生理的欲求に応じて食事をとっているのなら、「満腹」になったところで食事をやめます。ところが、現実にどれくらい食べるのかは、実のところ、生理的欲求以外で決まることも多いのです。

では、どうやって食べる量が決まるのかというと、それを決めるのは「同席する人」なのです。

私たちは、一緒に食事をしている人が、どれくらい食べるのかによって、自分が食べる量も調整しているのです。 その意味では、食事も立派な社会行為だといえるでしょう。

読者のみなさんは、周囲の人がムシャムシャと料理を平らげているの見て、自分は満腹なのに同じように食べた経験がありませんか。

逆に、目の前の人が、あまり食べなかったりすると、自分もそんなに食べずにすませてしまう、という経験もあるのではないでしょうか。

たとえば、大好きな異性と初めてデートすることになり、一緒に食事をしたとしましょう。こんなとき、普段はとんでもなく大食漢の人でも、デートの相手が少ししか食べなければ、やはり自分もそれに合わせるのではないかと思います。

私たちは、お腹が空いたからといって、空いた分だけ何かを口にするというよりは、一緒にいる人に合わせて食事をするのが一般的でしょう。

同席する人に応じて食べる量を決めるのかどうかを調べた研究はたくさんありますが、オーストラリアにあるニューサウスウェールズ大学のレニー・ヴァータニアンは、そういう研究を38個も集めて、全体的に分析してみました。**すると、私たちは「食べる量を同席する人に合わせる」という、はっきりとした結果が見られた**のです。

普段はまったくお酒を飲まない人でも、同席した人がおいしそうに飲んでいれば、やはりつられて飲みすぎてしまうものですし、普段は小食の人でも、同席する人がたくさん食べていれば、やはり自分も無理をしてたくさん食べるのです。

自宅で朝ご飯や夕ご飯を食べるときの量と、職場の人と一緒に食べるときのランチの量を比べてみるのも、面白いですね。自分でデータをとってみれば、「本当だ！　私も人に合わせて食事の量を変えている！」ということが、はっきりとわかるはずです。

50 「心が凍りつく」と身体も「寒さ」を感じる

「冷たい視線」という表現がありますよね。私たちは、あまり好きではない人、敬遠したい人には、そういう視線を向けるものです。

面白いことに、「冷たい視線」という表現は、そのまま文字通りの意味を表わしています。つまり、私たちは、仲間外れにされたりすると、実際に「冷たい視線」すなわち「寒さ」を感じるのです。**人に拒否されたり、拒絶されたりすると、「心が凍りつく」とも表現しますが、本当に寒く感じる**のです。

カナダにあるトロント大学のチェン・チョンは、65名の大学生を集め、その半数の人には、これまでの人生の中で、友人から仲間外れにされた経験をまざまざと思い出すように指示しました。残りの半数には、逆に、友人から温かい言葉をかけてもらった思い出や、親切にしてもらったエピソードなどを思い出してもらいました。

次に、すべての学生は、実験室を管理しているスタッフから、「今、この部屋の室温は何度だと思いますか?」という質問を受けました。

すると、直前に仲間外れにされたことを考えさせられたグループ、つまり、「心が凍りついた」グループは、部屋の温度を21・44℃と推測しました。ところが、「心温まるエピソードを思い出した」グループは、部屋の温度を24・02℃と推測したのです。

人は、仲間外れやいじめに遭ったりして、「心が凍りついた」ように感じると、実際に、寒さを感じることが明らかにされたといえるでしょう。

私たちの心と身体は、決して別々に存在しているのではありません。

心と身体は密接に関連していて、心に感じたことは同様に身体でも感じるのです。心が寒くなれば、物理的には温かい環境でも、なんとなく「寒い」と感じるようになってしまうのです。

昔の人が、どうやって「冷たい視線」や「心が凍りつく」といった表現を作り上げたのかはわかりませんが、おそらく体感的に、「寒さ」を感じることから出来上がった表現なのではないか、と推測できます。

面白いもので、「冷たい視線」に類する単語は、いろいろな国の言語にもあるそうです。**どの国の人も、人間である限りは、仲間外れにされると「寒さ」を感じる**ので、似たような表現を作り上げたのでしょう。

誰も他に知っている人がいないパーティや結婚式に参加しなければならないときや、知っている人の集まりでも、自分だけ会話に交ぜてもらえないときなど、「何となく部屋が肌寒いな」と感じるのは、心が寒いからです。物理的に寒いというわけではないのです。

51 赤ちゃんでも「匂い」はわかる

生まれたばかりの赤ちゃんは、当然ながら、言葉を話すことができません。大人のように質問することもできません。

とはいえ、赤ちゃんを実験の対象とすることはできます。

そして、赤ちゃんを使った実験で、どうやら**人間は生まれたばかりであっても、すでに「匂い」は判別できる**ということがわかっています。少なくとも、お母さんの母乳の匂いは、はっきりとわかるようです。

エストニアにあるタルトゥ大学のヘイリ・ヴァレンディィは、健康な赤ちゃん22名を対象にして、もちろん親の同意をとった上で面白い実験を行っています。どんな実験かというと、赤ちゃんをうつぶせにして、頭部から17㎝離れたところに、お母さんの母乳を染み込ませた母乳パッドを置いておいたのです。それから3分間、赤ちゃんの動きを観察してみました。

すると、赤ちゃんは、這うような動きをして、母乳パッドの方向に動くことがわかりました。平均14㎝ほど動いたのです。つまり、赤ちゃんは、自分のお母さんの匂いをちゃんとわかっていて、そちらの方向に近づこうとしていたのです。

ヴァレンディィは、母乳の香りのしないパッドも置く実験もしましたが、このときには赤ちゃんは動きませんでした。

赤ちゃんでも、お母さん、あるいは、お母さんの母乳の匂いはわかることが、この実験で明らかにされたのです。といっても、この実験はそんなに驚くべきことではないかもしれません。赤ちゃんにとっては、生き延びるために、お母さんの母乳にたどり着くことが絶対に必要だからです。生まれたばかりの赤ちゃんは、まだ目が見えませんので、匂いだけを頼りに、母乳の匂いがするほうに必死に向かうのです。

生まれたばかりの赤ちゃんは、大人のようには動けませんが、そうはいっても完全に受動的な存在なのかというと、そういうわけでもありません。赤ちゃんを、母親のお腹の上に乗せておくと、赤ちゃんは、乳首に向かって這い上がっていこうとします。

授乳に慣れていないお母さんは、ムリに乳首を赤ちゃんの口元に押し込もうとするものですが、そんなことをしなくとも、赤ちゃんは匂いでちゃんと乳首に向かっていきます。慌てる必要はありません。生まれたばかりの赤ちゃんでも、生き延びるために備わった反射というものがあり、それらは〝原始反射〟と呼ばれています。乳首を口に含むと、強く吸い始めますが、これも原始反射のひとつで、〝吸啜《きゅうてつ》反射〟と呼ばれています。

赤ちゃんだからといって、完全に無力な存在かというとそういうわけではなく、生き延びるために、いろいろな能力をちゃんと持って生まれてきているわけです。

52 お葬式がたて続く理由

長年連れ添った相手が自分よりも先に亡くなってしまうことは、とても大きな心の痛みをもたらすことは想像に難くありません。相手が死ぬことなど、思いもよらないと考えている人も多いでしょう。

生前、**仲のよかった夫婦は、どちらかが亡くなると、もう片方もすぐにポックリと亡くなってしまう**ことがよく起きます。

親戚のお葬式に呼ばれていったら、その後すぐにもう片方の人も亡くなって、たて続けにお葬式に出席することになる、ということも珍しくはありません。

フィンランドにあるヘルシンキ大学のジャッコ・カプリオは、フィンランドの統計をもとに配偶者を亡くした９万５６４７名に追跡調査を行ってみました。その結果、配偶者を亡くしてから最初の１週間で、もう片方が亡くなる可能性がとても高いことがわかりました。男性の44・０％、女性の49・２％が、配偶者を亡くして１週間以内に亡くなっていたのです。かなりの高確率です。死因の１位は、虚血性心疾患《きょけつせいしんしっかん》。それまで元気だったのに、連れ合いを亡くしたことでショックを受け、それが心臓に大きなダメージを与えてしまうのでしょう。

ところが、最初の1週間を乗り越えると、もう片方が亡くなる可能性は驚くほど少なくなります。8日目以降は、2％以下に大激減するのです。これは、どの年代で亡くなってもそうでした。配偶者を失うことは痛ましいことには違いありませんが、だからといって、自分も死んでしまうことを、故人は決して望んではいないでしょう。ですから、最初の1週間は、できるだけ心を穏やかに過ごすほうがよいのでしょう。**1週間も過ぎると、少しは心も落ち着いてきて、元の生活に少しずつ戻れます。**

夫婦というものは、しょっちゅういがみ合っていても、相手への愛情や信頼のような心の絆を持っているものです。ですから、配偶者を亡くすことは、相当に大きなストレスだと想像できます。何しろ心臓に膨大なストレスを与えて止めてしまうほどなのですから。

日本のお葬式の場合、配偶者が亡くなると、たいていは残された方が施主《せしゅ》になって、あれこれと面倒な手続きをしなければならないのですが、そうやって忙しくしていたほうが、かえって悲しみを忘れることができ、自分もつられるようにして亡くなる、ということを防いでいるのかもしれません。

配偶者を亡くしたからといって、あまりに悲観したり、絶望したりしていると、自分もすぐに亡くなってしまうことになります。「それでも構わない」という方もいるでしょうが、できるだけ長生きしてあげるのも、後に残された者の務めではないでしょうか。

53 キレやすいのは栄養不足が原因

暴力的であったり、攻撃的であったりするのは、もともとの性格がそういう人である可能性もありますが、「必要な栄養が足りていないから」という可能性もあります。

どれほどの乱暴者であっても、**きちんと栄養を摂取するようにすると、不思議なくらい穏やかな人間に変わってしまうことも現実にはある**のです。

イギリスにあるサリー大学のベルナルド・ゲッシュは、刑務所の囚人たちが暴れたりするのは、ひょっとすると栄養不足だからではないか、と考えました。

この仮説を検証するため、ゲッシュは囚人２３１名のうち、半数には、ビタミン、ミネラル、必須《ひっす》脂肪酸《しぼうさん》などをきちんと含んだサプリメントを用意し、それを１４２日間（４カ月半ほど）飲んでもらったのです。残りの半数には、同じ期間、サプリメントだとウソをついて、まったく何の栄養も含まれていないプラシボ（偽薬）のサプリメントを飲んでもらいました。

次にゲッシュは、サプリメントを飲んでもらっている期間の、刑務所内での報告書を分析し、暴力行為や、看守の命令への不服従などを測定してみました。

すると、サプリメントで栄養を摂取している囚人では、暴力や命令への不服従について、

35・1％もの減少が見られたのです。仮説どおり、栄養をきちんと摂取するようにすれば、人は穏やかになるのです。

サプリメントとはいいながらインチキなものを飲まされた囚人では、暴力などの減少はわずかに6・7％にとどまりました。インチキなものでは、それほど減らないのも当たり前です。

読者のみなさんは、イライラしやすかったり、身体が疲れっぽいと感じたりすることはありませんか。もしそういう兆候が見られるのなら、ひょっとすると必要な栄養素が足りていないかもしれません。**栄養が足りていなければ、どれほど理性的になろうとしてもムリなのです。感情的にキレやすくなりますし、暴力を振るってしまう可能性があります。**

サプリメントを飲みたくないという人もいるでしょうが、きちんと栄養バランスを考えて食事をしていないのであれば、どうしても現代人にはサプリメントが必須だと思われます。

「なんだか、ちょっと自分がおかしい……」と思うのであれば、まずは栄養が足りていないことを疑いましょう。栄養が足りていないのですから、精神論のようなものでは、どうにもなりません。人間も動物なのですから、栄養が足りなければ心もおかしくなるのは当たり前です。

栄養素にはいろいろな種類があって、それらを全部サプリメントで摂取するのは大変でしょうから、基本的なビタミンやミネラルが取れるもので十分だと思われます。また、サプリメントは、そんなに高額なものでなくてかまいません。最近では、安くても質の高いサプリメントがいくらでもあるので、そういうものを選んでください。

54 野菜を必要としている人ほど、野菜を食べない

銀行は、お金を必要としている人には貸してくれないのに、お金をそんなに必要としていない人には貸してくれます。

エステサロンのお店の前で、どんな人が入っていくのかをしばらく眺めていると、「もう十分に魅力的なんだから、それ以上キレイになってどうするんだろう」という人ばかりが入っていきます。

ダイエットもそうで、「どうしてあなたが？」と思うような人ほど、一生懸命に運動したりしています。逆に、「ダイエットが必要でしょ」という人ほど、あまり運動しません。

このように世の中には、矛盾するようなことがいくらでも起きています。

食事についても、同じようなことが報告されています。

コーネル大学のキャロン・デバインは、１１０８名の建設業で働く作業員を対象にして、仕事での疲労、ストレス、作業要求の厳しさなどを調べてみました。また、家庭でどんな食事をしているのかも尋ねてみました。

その結果、ストレスが多い人ほど、フルーツと野菜の消費量が少ないことがわかりました。本当は、**フルーツや野菜を摂取する必要がある人ほど、それらを摂取しなくなる**のです。

疲労を回復するには、きちんと栄養を摂取すべきです。そうしないと、疲労はいつまで経っても回復しません。スポーツ選手が専門の栄養士を雇って栄養管理するのは、身体が持たないからです。人間にとって、栄養は自動車のガソリンのようなもの。ガソリンが足りなければ自動車は動かなくなるのと同じで、人間はきちんと栄養を取らないと動かなくなります。

「とにかく、腹がいっぱいになればいいや」

「適当に、あるものを食べればいいか」

そんな感じで、適当な食事をしていると、エネルギーもパワーも出なくなってしまいます。**「どうも最近、疲れっぽいんだよな」と感じる人は、必要な栄養が足りていない**のです。特に、野菜が足りないはずです。肉を食べれば力が出ると思い込んでいる人もいると思うのですが、肉だけではダメなのです。他ならぬ自分自身の健康のためなのですから、もう少し栄養のバランスを考えるとよいでしょう。

毎回の食事で、いちいちカロリー計算をするのは面倒くさいので、そこまではやらなくてもよいのですが、米、野菜、果物、魚、肉など、色々なものをバランスよく食べるようにするとよいでしょう。そのほうが仕事のやる気も出てくるものです。

55 人間関係がうまくいっていない人も、野菜を食べない

野菜を本当に必要としている人ほど、野菜をあまり食べないという話を紹介しました。

栄養の話が続きますが、**しょっちゅう人と衝突するような人も、なぜか野菜をあまり食べません。**

イギリスにあるリーズ大学のダリル・オコナーは、４２２名の成人に、１週間、自分が食べたものの記録を取ってもらいました。その一方で、毎日、どれくらい他の人と口論をしてしまうのかの記録も取りました。

すると、他の人と口論をした日には、脂質や糖質を多く含んだスナック菓子の消費量が増えて、代わりに野菜の消費量が減ることがわかったのです。

私たちは、ムシャクシャしたことがあると、すぐに満腹感と満足感がある食べ物を摂取しようとします。満腹になることで、イライラした気分が一時的に収まるように感じるからです。甘いチョコレートを食べれば、一時的に快適な気分になります。そういう気分を得るために、スナック菓子を食べてしまうのでしょう。けれども、これは錯覚にすぎません。イライラしている人が本当に必要なのは、野菜を食べることです。**スナック菓子で一時的に満足を得ようと**

しても、身体の栄養バランスが崩れてしまい、余計にイライラが募ってくるのです。

何か気に入らないことがあるからといって、スナック菓子を手に取るのはおススメしません。それはちょうど、心に悩みがあるからといって、麻薬をやってしまうようなものです。一時的にはハイな感情になれるかもしれませんが、それも長くは続きませんし、麻薬が切れたら、余計に気分が落ち込んでしまいます。悪循環極まりません。

人間関係がうまくいっていないとか、他の人としょっちゅう衝突をしている人は、一時的ではあっても、すぐに快適な気分を取り戻そうとして、脂質や糖質の多いスナック菓子に手を出してしまいがちです。しかし、それは悪魔の誘いのようなもので、毎日、そんなことをくり返していたら、栄養バランスが崩れて、身体がおかしくなってきます。そして、ますますイライラしやすい体質になっていきます。

解決するには、どこかでこの悪循環を断ち切らなければなりません。

野菜を食べるのがイヤであっても、野菜の摂取量を少しずつ増やすとよいでしょう。酒のつまみに、スナックでなく、野菜スティックやドライフードを口にするのも効果的です。

私たちは、自分で意識しないと、なかなか食生活を変えることができません。いつもの習慣で、好きなものを食べてしまうからです。「とにかく野菜だ」と自分に言い聞かせ、できるだけたくさん野菜を食べる食生活を身につけましょう。

56 口内炎が治りにくい人、治りやすい人

指先や腕に擦り傷や、切り傷ができたとき、すぐに治るようなら、その人はおそらくは毎日を楽しく生きていて、ストレスがあまりない人です。

逆に、傷がなかなか治りにくいのだとしたら、そういう人はストレスが高い人です。

私たちの心と身体は密接に結びついているので、**心が元気なら、身体も元気になります**。したがって、心に悩みがなく、エネルギーが有り余っているような人は病気になってもすぐに回復するのに、心に屈託を抱えているような人はなかなか治りにくいようです。

オハイオ州立大学のフィリップ・マルチャは、ストレスの度合いで、傷の治り方には差が出てくることを実験的に確認しています。

マルチャは、歯科学の学生にお願いして、口腔《こうこう》内に、2つ生検用の傷をつけさせてもらいました（3・5㎜ほどの傷）。

なお、2つの傷は一度につけるのではなく、一つはストレスのない夏休み中、もう一つは、試験の3日前につけました。その傷が完治するまでの日数を測定し、ストレスが治りやすさに影響するのかどうかを調べるため、そういうタイミングを狙ったのです。

学生にとって、試験というものは、覚えることが多くてまことにストレスが高まります。そういう時期につけられた傷は、完治するまでに平均して10・91日かかりました。

ところが、同じような傷を夏休み中につけたときには、7・82日で治ったのです。ほぼ3日の差が出たのです。

この実験で明らかなように、**ストレスがあると、傷は治りにくくなる**のです。

口内炎にしろ、吹き出物にしろ、ニキビにしろ、簡単に治したいのであれば、まずはストレスを吹き飛ばしましょう。

楽しい映画を見るとか、面白いＤＶＤを見るとか、温泉に出かけるとか、カラオケで思いっきり歌うなどをして、ストレスを発散してみてください。そのほうが、治るスピードは明らかに早くなると思いますよ。

口内炎ができたからといって、「まったく不愉快だ、チクショウ」などと思っていると、それがストレスになり、治るのも遅くなってしまいます。早く治したいのであれば、口内炎のことなど忘れて、楽しいことだけを考えるようにしてください。口の中がズキズキと痛むことに注意を向けるのではなく、週末に何か予定でも入れよう、と楽しいことを考えていたほうが、治るのも早まります。

57 スポーツ観戦では盛り上がりすぎないことも大切

大好きなプロ野球中継を見ながら、よく冷えたビールを楽しみにしている人は少なくないと思います。自分のひいきにしているチームが勝ったりすれば、これ以上の嬉しさはありません。

ただし、スポーツ観戦においては、「盛り上がりすぎない」ことにも留意してください。

「えっ、盛り上がらなければ、まったくつまらないじゃないか」

「冷静に観戦なんて、楽しめるわけがないよ」

そんな声が聞こえてきそうです。確かにスポーツ観戦をするなら、思いっきり大声を出し、大きな拍手をして応援したいという気持ちはわかりますが、まずは私の話を聞いてください。

イギリスにあるバーミンガム大学のダグラス・キャロルは、１９９８年にフランスで開催されたサッカーのワールドカップ期間中に、急性心筋梗塞や心臓発作で病院に運ばれた人の記録を調べてみました。

その結果、イングランドがアルゼンチンにＰＫ戦で負けた後（試合当日の6月30日と翌日、翌々日）には、試合が行われる前日に比べて、急性心筋梗塞で病院に運ばれる人の数が、なんと25％も増えていたのです。

どうして病院に運ばれたのかは、おわかりですね。

試合でついつい盛り上がりすぎてしまって、心臓のほうに負担がかかりすぎてしまったのです。

熱狂的なファンの人が、自分のひいきのチームを応援したいのはよくわかります。チームと一心同体になったつもりで、本気で応援したいという気持ちはよく理解できるのです。

けれども、あまりに盛り上がりすぎると、私たちの心臓は耐えられません。

もし、それが原因で死亡するようなことにでもなれば、家族にも迷惑がかかりますし、応援しているチームの選手たちだって、心苦しい思いになるでしょう。自分たちのせいで、ファンが亡くなってしまうのですから。

スポーツを観戦するときには、心臓に余計な負担をかけないよう、できるだけ心を落ち着かせて、静かにゲームを楽しむ…というのは、やっぱりムリかもしれません（笑）。それでは、スポーツ観戦の魅力が半減してしまいます。

ともあれ、**スポーツ観戦には、楽しいことだけではなくて、ちょっぴり怖いリスクもある**のだな、ということは頭の片隅にでも置いておいたほうがよいでしょう。

58 かゆみは人に感染する

誰かがあくびをしていると、なぜか自分もあくびをしたくなることはありませんか。電車で誰かがあくびをし始めると、隣に座っている人もあくびをし、それを見た別の人もあくびをする……というように、あくびがどんどん〝感染〟していくのを知ってる方も多いでしょう。

あくびと同じように、感染することで知られているものに、笑顔もあります。私たちは、笑っている人を見ると、なぜか自分も微笑んでしまうのです。

同じように感染するものとして、「かゆみ」も挙げられます。人がかゆがっていると、それを見た私たちも、なんだか身体がかゆくなってきたように感じてしまうのです。

ドイツにあるギーセン大学のボルカー・ニーマイヤーは、大学でかゆみの講義をしました。ダニやノミ、アレルギー反応など、「かゆみ」に関連した内容を、画像を使いながら講義をしたのです。すると、その講義を受けている受講生たちもかゆみを感じました。あくびと同じように、かゆみも感染することが、この実験で確認されたのです。

仲のよいグループでアウトドアに出かけたとき、「蚊に刺されたのかなあ。なんだか腕がかゆい」と友達の一人が腕をかいていると、それを見た周りの友達たちも、同じようにかゆみを感じるものです。自分は、まったく蚊に刺されていなくてもです。

なぜ、かゆみは感染するのでしょう。

その理由は、私たちには、**〝ミラーニューロン〟**があるからです。**私たちの脳は、目の前の人に共感する神経を持っている**のです。

誰かが泣いているのを見たら、見ている者も悲しくなりますし、誰かが喜んでいる姿を見れば、嬉しくなります。これがミラーニューロンの働きです。「ミラー」は「鏡」という意味で、**私たちは、目の前の人の感情を鏡で映し出すように、自分でも感じてしまう**のです。

人間には、こういう共感能力がありますから、あくびやかゆみも、自分のこととして感じてしまうのでしょう。誰かがかゆいと思っていると、私たちのミラーニューロンも同じようなかゆみを私たちに感じさせようとするのです。だから、本当にかゆいと感じてしまうのでしょう。

ミラーニューロンがあるからこそ、私たちは、他の人に共感したり、同情したりできるわけで、もしミラーニューロンがなければそういうことはできません。ミラーニューロンがなくなってしまうと、かゆみの感染も起きないかもしれませんが、同時に、人に対して共感もできなくなってしまうのです。それはそれで別の問題を引き起こしてしまいます。

誰かのかゆみを自分も感じるということは、それだけミラーニューロンが正常に働いているということです。

59 咳《せき》の現象学について学ぼう

最近はコロナの影響もあり、人前で咳をすることが非常にはばかられるようになりました。のどがいがらっぽく感じて、咳ばらいをしたくてしかたないのですが、周囲の人を不快にさせないため、咳を我慢するのはかなり大変です。

咳のことなど、どうでもいいと思っている人もいるでしょうが、そういう「どうでもいい」ことを一生懸命に研究するのが心理学者です。少しでも自分に興味があることは、とにかく調べずにはいられないという習性を持っています。

テキサス大学のジェームズ・ペニベーカーは、そんな咳の発生について調べています。ペニベーカーが大学の先生ということもあって、身近なところで講義中の学生の咳について、どういうときに咳をしたくなるのかのデータを取ってみました。

咳が起きやすいのは、まず大人数のクラス。少人数のクラスでは、咳をする人があまりいませんでした。私たちは、多くの人が集まるところで、「ゴホン、ゴホン」と咳ばらいをしたくなるようです。

そういえば、多くの聴衆の前で、スピーチをしなければならないときにも咳はよく出ます。多くの人がいると、それだけ空気がよどんだように感じて、それで咳が起きてしまうのでしょうか。それとも、多くの人がいると、緊張してのどがいがらっぽくなるのでしょうか。

また、**面白い講義では、咳はあまり出ない**ことがわかっています。

咳をする学生が増えるのは、退屈で、つまらない講義です。

「もう話をするのをやめろ！」という気持ちが無意識的に咳になって現われてしまうのかもしれません。誰かが失礼なことを言い始めたときに「ゴホン、ゴホン」と咳で注意を促すようなものです。咳で「退屈な話をやめてくれ」という意思表示をしていると考えられます。

さらに、前項でかゆみは感染するという話をしましたが、咳についても同じような現象が起きやすいこともわかりました。誰か一人の学生が咳を始めると、その近くに座っている学生も、やはりつられて咳をし始めたのです。

私は、龍角散のテレビＣＭを見ていたり、花粉症の時期にのど飴のＣＭなどを見ていたりすると、なんだかのどがムズムズしてきてしまうのですが、それも〝感染効果〟なのかもしれません。

咳は、生理的には、身体に入ってくる異物などを外に吐き出そうとする現象ですが、単純な生理現象というわけでもなく、そこには心理的な影響も見られます。異物などが身体に入ってきていなくても、人間は、どうしても咳をしたくなってしまうことがあるのです。

60 男性と女性とでは「出しやすい声」に違いがある

私たちは、いろいろな声を出すことができますが、男性と女性では、得意な声と不得意な声があるようです。

結論から先に言うと、**男性は自信のある声を出すのが得意**です。はっきりと明瞭に話すときの声ですね。**女性は、魅力的な声を出すのが得意**です。明るく弾んだような声、歌っているときのような声を出すのに優れています。

アメリカのオルブライト大学のスーザン・ヒューゲスは、20名ずつの男女に、1から10までの数字を読み上げてもらい、声を録音しました。ただし、数字を読み上げるときには、毎回指示を出しました。「魅力的な声で読み上げてください」「強そうな声で読み上げてください」「知的な声で読み上げてください」「自信があるような声で読み上げてください」というように。

それぞれの声を録音したものを、今度は、別の40名の男女に聞いてもらい、どういう声なのかを言い当てることができるのかどうかを調べてみました。

すると、男性は、自信のある声を出すのがうまいことがわかりました。評価する人も、「これは自信がある人の声だよ」とやすやすと見抜きました。女性が自信のある人の声色を出そうとしても、聞き手にはなかなか見抜いてもらえませんでした。

逆に、女性は魅力的な声を出すのがうまかったのです。被験者は「魅力的な声だ」とすぐに見抜きました。男性には、これができませんでした。

なお、強さを出す声と、知的な声のほうは、男女ともうまくできるようでした。

男女で明確な差が見られたのは、〝自信がある声〟と、〝魅力的な声〟だったのです。

男性は、自信がなくても、自信があるふりをするのが得意だといえるでしょう。「うまくプレゼンできるかなあ」と不安を感じていても、実際にやってみると、割とうまく話せてしまったりすることも多いのではないでしょうか。

女性は、自信がある声を出すのが得意ではないので、男性に比べてうまくできません。やはり、女性はやさしい人が多いですから、はきはきとしゃべるのが得意ではないのでしょう。

一方、男性は、魅力的な声を出せません。人に好かれやすい声を出すのが苦手なので、好きな人に話しかけるときでさえ、なぜか怖い声になってしまったりもします。

では、どうすれば男性が魅力的な声を出せるのでしょう。ゆっくりと話すのが効果的なようです。ヒューゲスの研究によると、女性が魅力的な声を出すときには、１から10までを読み上げるのに9・08秒かけていましたが、男性は8・16秒でした。男性は、早口になりがちで、それが魅力を下げてしまっている可能性がありそうです。

第4章

人間の本性がわかる心理学

61 女性が「男らしく」なるとき

人間の性格というものは、固定されたものではありません。

人生のさまざまな経験を通して、どんどん変わってゆくものです。若い頃は内向的だった人も、そのうち人に慣れてきて、それなりに社交的になることは珍しくありませんし、小さな頃には引っ込み思案だった人が、大人になるにつれてたくましくなっていくということもあるでしょう。

面白い人格の変化でいうと「女らしさ」です。**女性は年齢とともに、どんどんたくましくなっていく。**つまり、男らしくなっていくようなのです。

コロンビア大学のステファニー・カッセンは、758名の母親（平均年齢39才）を、42歳になったとき、49歳になったとき、59歳になったときに追跡調査を行って、人格の変化を調べてみました。すると、女性は年齢を重ねるごとに〝男らしく〟なることが判明したのです。子どもを持って、母親になると、〝男らしく〟なっていくものなのですね。母親はとてもたくましくて、強いのです。また、カッセンは離婚した人も、子どもがたくさんいる人も、専業主婦でなく働いている人も、女らしさが減って、代わりに男らしさが高まることも明らかにしています。社会で生きていくためには、男性に負けないように〝男勝り〟にならなければ、とても生きてゆけないということを考えれば、これも当然でしょう。

人間の性格や人格というものは、必要に迫られればいくらでも変わることができます。もともと地味な人でも、営業の仕事に就いたりすれば、明るく、陽気に振る舞う必要が出てきます。そういう必要に迫られれば、そのうち性格も変わってくるものです。

同じように、女性も若いうちには恥じらいを見せたり、慎《つつし》み深いところを見せたりするものですが、結婚して子どもを持つようになったり、バリバリ仕事をしなければならないときには、とても〝女らしく〟などしていられません。男性に負けないくらい、たくましく、強いところを見せていかなければなりませんから、そういう**必要性に応じて、自分の人格を作り変えてゆく**のです。「地位が人をつくる」という言葉もありますが、カッセンによりますと、男性は、仕事の地位が上がると、男らしさが高まるそうです。

役職が上がると、部下を何人も抱えて、指示を出して人を動かさなければなりません。そういう地位に就くと、どうしても強さのアピールをしなければならず、それゆえ、男らしさが高まるのでしょう。

自分の性格に悩んでいる人がいるかもしれませんが、人の性格など、コロコロと変わるものですから、あまり心配しすぎないほうがよいでしょう。

62 フェイスペインティングしている人には近づかない

私たちは、自分が誰だか、他人にはわからないときに、理性を失い、暴力的になりがちです。

インターネットの世界では、基本的に自分が何者かが、相手にバレません。そういうときに、人は信じられないほど野蛮な言葉を使ったり、普段なら絶対に言わないような罵声を人に浴びせたりしてしまいます。「ネット人格」というやつですね。

このように、自分が相手にバレないような状況のことを「匿名性」と呼びます。私たちは、匿名性が高い状況では、普段の自分とは違う自分になったように感じて、普段とは違う行動を取りがちなので気をつけましょう。

最近はそうでもなくなりましたが、少し前のハロウィンでは、若者が大騒ぎをしたり、駐車中の自動車を破壊したりするなど、危険な行為の動画がマスコミに流れました。なぜハロウィンにそういうことが起きるのかというと、フェイスペインティングをしたり、仮装したりして、匿名性が高くなるからでしょう。

スポーツの世界でもそうです。オリンピックやワールドカップなどでは、観客がフェイスペ

■表⑪　デモにおける匿名性と被害の関係

	マスクやフードあり	マスクやフードなし
重傷者の有無	24.0%	15.7%
モノの破壊行為	22.8%	4.4%
複数の被害者	46.6%	28.9%

インティングすることで、匿名性が高まります。そのため、公共物を破壊したり、乱闘したりする事件が増えるのです。

デモも同じことがいえます。デモが行われるとき、マスクやフードで自分の顔を隠している人がいたら、顔をきちんと見せている参加者ばかりのデモのときより、暴力性が高まるので、できるだけ近寄らないようにするのが賢明かもしれません。

イギリスにあるレスター大学のアンドリュー・シルクは、1994年7月から1996年12月までに北アイルランドで発生した暴力犯罪行為500件を分析し、参加者がマスクやフードを身につけて匿名性が高い状況と、そうでない状況での被害の大きさを比較してみました。すると、はっきりと**匿名性の高さが犯罪の大きさにも影響を与える**ことが確認されたのです。（表⑪）

「君子危うきに近寄らず」という言葉もありますから、匿名性の高い状況にはなるべく近づかないほうがいいでしょう。

インターネットやＳＮＳなども、匿名性が高いものです。間違いなく便利なツールではありますが、なるべく利用は控えたほうがいいというのが心理学的なアドバイスです。たとえインターネットの世界で自分に対して誹謗中傷がなされていても、そもそもインターネットをやっていなければ、そういうものを目にすることもなく、心理的に害されることはありませんから。

63 審判が公平にジャッジをするのは不可能

スポーツの審判は、公平な判断をしなければなりません。どちらかの選手やチームをえこひいきしていたら、試合が成り立ちませんから。

とはいえ、審判もやはり人の子です。

時には、判断が狂ってしまうということもあるでしょう。いや、「時には」どころか、しょっちゅうそういうことは起きてしまうものです。

ドイツにあるハイデルベルク大学のクリスティアン・アンケルバックは、審判は観客席からの怒号やら罵声やらに影響を受けてしまうのではないかと考えました。

そこでアンケルバックは、ドイツのプロサッカーリーグ「ブンデスリーガ」で1997年から2002年までの5シーズンに行われた1530試合を分析してみたのです。

観客は、当然ながらホームチームのほうが圧倒的多数です。そのため、審判がアウェーチームに有利な判断をすれば、すぐに罵声が飛んできます。そうなると審判はホームに有利な判断をするだろう、とアンケルバックは考えてみたのですが、調べてみるとまさにその通りでした。

審判が出したイエローカードは、ホームチームには１試合平均で１・89枚だったのに、アウェーチームには２・35枚だったのです。**明らかにサポーターが多いホームチームに有利な判定をしている**ではありませんか。

アンケルバックは、他にも面白いデータを調べています。

サッカー会場には、陸上競技などにも利用されるため、ピッチから観客席までが離れているスタジアムと、サッカー専用に作られていて、ピッチと観客席がそんなに離れていないスタジアムがあります。アンケルバックは、ピッチと観客席が離れていないとき、審判は観客の声がよく聞こえてしまうので、それだけ影響を受けやすくなるだろう、という仮説を立てました。

そして、この仮説を検証するため、ピッチから観客席が離れているスタジアムで行われた９８７試合と、離れていないスタジアムの５４３試合で、イエローカードの枚数を調べてみると、やはり観客席が近いほど、アウェーチームにイエローカードが出やすいことがわかったのです。

審判は公平性が求められますが、なかなかそういうわけにはいかないのです。観客からの影響を受け、判定が狂ってしまう、ということはよくあります。審判も人間なのですから、この辺は、まあ大目に見てあげなければならないのかもしれません。

「過《あやま》つは人の常」という言葉もあるくらいですから、誤りを犯すのは、人間なら誰だってそうなのです。**審判だけが誤りを犯さずにすませられる、ということは現実にはとても不可能だといえるでしょう**。

64 自分の前の打者がホームランを打ったときは要注意

みなさんが草野球のチームに所属しているとして、他のチームと試合をしたとしましょう。このとき、自分のチームのメンバーが、ホームランを打ったとしたら、同じチームとしては非常に嬉しいことです。けれども、もしホームランを打ったのが、自分の直前の打者だったりすると、素直には喜べません。なぜ喜べないのでしょうか。

その理由は、ホームランを打たれたピッチャーは、ものすごくムシャクシャするでしょうから、**次の打席のバッターに対しては（つまり自分には）、デッドボールをぶつけてくる可能性が高まる**からです。ホームランを打ったバッターも、実はそんなに喜べません。なぜなら、次に自分の打席が回ってきたとき、前回の打席でホームランを打っていると、やはりデッドボールを受けやすくなるからです。

テネシー工科大学のトーマス・ティマーマンは1960年から2004年までに行われたメジャーリーグの7万4197試合における、2万7667回のデッドボールを分析してみました。ティマーマンは、どういうときにデッドボールが起きやすくなるのかを調べたのです。

その結果、ホームランが出た直後のバッターほど、デッドボールを受けやすくなることがわかりました。メジャーリーグのピッチャーは、当然、プロですから、たとえホームランを打たれても、次のバッターには冷静に対処することが求められるはず。ところが、現実には、なかなかそういうわけにはいかず、ホームランを打たれれば怒りが高まってしまうのか、ついつい次のバッターを狙って投げてしまうこともあるようなのです。

同様に、ホームランを打った選手も、素直に喜ぶのは危険です。なにしろ、次の打席でデッドボールを受ける可能性が高くなることも、ティマーマンは突き止めているからです。ピッチャーは、割としつこくホームランを打たれたことを覚えているらしく、次の勝負では復讐してやりたい、と思うのかもしれません。

さらにティマーマンは、味方の誰かがデッドボールを受けると、そのお返しにデッドボールをやり返す可能性が高くなることも突き止めています。「目には目を、歯には歯を」ということでしょうか。

こう見てくると、デッドボールというものは、ピッチャーの制球がたまたま乱れて、偶然に起きてしまったもの、というよりは、非常に意図的に発生するものが多いことがわかります。

スポーツマンシップに則《のっと》って、**お互いにフェアプレーをするのが理想ですが、理想と現実はちょっと食い違ってしまう**ものらしいですね。

65 中国では同じ国内でも文化が違う

異文化を研究する社会学者や人類学者、心理学者たちは、「アジアと西欧」といった文化的な比較をよくします。

けれども、中国のような大きな国になると、たとえ一つの国であっても、地域によって文化が相当に違ってきたりはしないのでしょうか。

ヴァージニア大学のT・タルヘルムは、中国には、コメ文化と小麦文化があるという仮説を立てました。**中国南部はコメ農業が盛んで、中国北部は小麦農業が盛んなのですが、南部と北部では、文化が異なる**だろうと考えたわけです。

コメを育てるためには、農家たちは助け合わなければなりません。田植えも稲刈りも、一人ではできません（最近では機械化が進みましたが）。こういう文化のあるところでは、人々は自然と相互依存的になります。日本もコメ文化ですから、よくわかりますね。

その点、小麦はどちらかというと勝手に育ってくれます。コメを育てるときのような手間もあまりかかりません。こういう地域では、人々もそんなに助け合う必要もなく、独立的な気風を持つようになります。

タルヘルムは、中国の南部と北部では、このような文化の差がみられるだろうと予想し、それぞれに合わせて6都市での比較を行ってみました。結果はまさにその通りになりました。

同じ中国人といっても、日本人にとっては、南部の中国人のほうが、どちらかというとメンタリティは近いと思います。なぜなら、どちらもコメ文化だから。お互いに助け合いの精神がなければ、コメを育てることはできません。

北部の中国人は小麦の文化です。こちらのほうは、それほど助け合いも必要がありませんから、相互扶助といった文化もなかなか育ちません。ちょっとワガママで、独立心旺盛な中国人のイメージは、どちらかというと北部の人に起因するものだといえるでしょう。

それぞれの国の人が、どんな食べ物を食べているかによって、国民性はちょっとずつ違ってきます。それぞれに文化が違い、モノの見方も違ってきますから、文化が違う人と仲良くするのはけっこう大変です。

バングラデシュやカンボジア、インドネシアやベトナムなどがコメを主食とする国なのですけれども、そういう国の人たちのメンタリティも、やはり日本人と似ているのでしょうか。私は、異文化研究が専門ではないので何ともいえませんが、コメ文化の国出身の友だちをつくったりすると、意外に仲良くなれるのかもしれませんね。

66 審判は一流選手には甘い

〝世界のホームラン王〟と呼ばれた王貞治さんが現役選手だった頃のお話です。王選手が、きわどいコースのボールを堂々と見逃すと、審判もストライクをとらないことがたびたびあったといいます。

審判の心理もわからなくはありません。おそらくは、「王選手ほどの一流選手が、これほど自信を持って見逃すのであれば、ストライクではないのだろう」と思って、自分の判断が狂わされてしまったのでしょう。

審判は自分の判断で、ストライクなのかボールなのかを決めてよいわけですが、一流選手が打席に立っているときには、そういうわけにはいきません。どうしても**目の前の選手によって、影響を受けてしまう**ものです。

テキサス大学のブライアン・ミルズは、野球の審判の判定を分析する研究を行って、一流選手ほど、ストライクをとられなくなることを明らかにしています。審判は、一流選手が自信を持って見逃しているボールに、「ストライク！」の判定はなかなかできないようなのです。プレッシャーを感じるからですね。

では、ごくごく平凡な選手は、そういう恩恵を受けられないのでしょうか。

実は、ちょっとした方法をとってみると、一流選手と同じように審判の判定を甘くすることができることも、ミルズの研究で明らかにされています。

その方法とは、できるだけ打席の後ろの審判に近いところに立つことです。

審判に近づけば近づくほど、審判にプレッシャーをかけることができるらしく、こういうケースでもやはりストライクをとられにくくなる、という結果をミルズは得ているのです。

ちょっとズルいやり方ですが、ヒットを打つ自信がなかったら、できるだけ審判寄りに立ち、相当に自信があるような感じでボールを見逃すことです。そうすれば、審判もストライクをとりにくくなるかもしれません。運がよければ、フォアボールで出塁できるかもしれません。もちろん、明らかにど真ん中のストレートを見逃してはいけませんよ。さすがに審判にストライクをとられてしまいますから。

一流選手は、審判からのひいきもあるので、さらに出塁率が上がっていくのに対して、並の選手は、そういう恩恵を受けられないので、打率も出塁率も上がりません。

ビジネスの世界でいうところの、お金持ちはますますお金持ちになっていくのに、貧乏人はますます貧乏になっていく、という原理と似ています。スポーツの世界でも、一流選手ほど、さまざまな恩恵を受けやすいので、さらに評価が高まりやすいといえるのです。

67 名前の順番でわかる、男性の優位性

学校のクラスでの名前の順番も時代によって変わります。私の時代には、男性が先で、女性が後でした。その当時は、何の違和感もなく受け入れていましたが、男性が先にくるということは、日本社会が「男性上位」「男性優位」な社会だからなのかもしれません。

当時は「男性のほうが上だぞ」という風潮だったので、出席番号も男性のほうが先にきていたのでしょう。

ちなみに、今の時代、順序は性別に関係なく名前の順が主流です。男女同権、男女平等はこういうところにも少しずつあらわれているような気がします。

イギリスにあるサリー大学のピーター・ヘガーティは、男性と女性の名前が併記されるときには、必ず男性が先にくることに気づきました。

シェイクスピアの作品でも、『ロミオとジュリエット』になっていて、『ジュリエットとロミオ』とはなっていません。『アントニーとクレオパトラ』も『クレオパトラとアントニー』にはなっていません。シェイクスピアの時代には、男性が上位なのは当たり前だったので、タイトルにもそれがあらわれているのだとヘガーティは分析しています。

さらにヘガーティは、インターネットを使って、よくある名前トップ10について、男性と女性が併記されているものを調べてみたところ、イギリスでは男性の名前が先でヒットした件数が１６７７件、女性が先の場合が４６７件、アメリカの場合は、１万３４２８件は男性が先で、女性が先なのは５８４６件であることを確認しました。

イギリスやアメリカでは、男女平等がずいぶん進んでいるような印象を受けますが、このデータから推察すると、いまだに男性優位なのではないかなと思われます。

私たちの差別意識や、優越意識というものは、こういうちょっとした順番にも無意識のうちにあらわれてしまうのですね。

とはいえ、英語で聴衆に呼びかけたりするときには、「レディース・アンド・ジェントルメン」と言ったりするので、こういうときには女性を立てるのも面白い現象です。

もちろん、名前の順番から、すぐさま「女性蔑視《べっし》だ！」とはならないように思うのですが、フェミニストの人たちからすれば、男性の名前が先にくることも、平等主義に反するのかもしれません。

国際的には改める必要があるといわれているので、こういうところも改めていかなければいけないでしょう。**私たちの差別意識というものは、自分ではなかなか気づきにくいので、誰かに指摘されて初めて認識できる**ことが少なくありませんから。

68 「自分だけは当てはまらない」と思い込む理由

私たちは、たとえ厳然《げんぜん》とした事実を突きつけられても、少しもひるむことはありません。いくら統計的な事実があろうが、そんなものは「自分には当てはまらない」と考えるのです。

ネブラスカ大学のポール・プライスは、大学教授への調査を行い、94％の教授は、平均的な同僚の教授に比べて、「自分のほうが教えるのがうまい」と考えていることを明らかにしました。大学の教授は、相当にうぬぼれ屋が多いといえるでしょう。

プライスは、この調査結果を他の教授たちに教えてあげました。

すると、どんなことが起きたでしょう。

統計的なデータがある以上は、「なるほど、自分の教え方はそんなにうまくもないのかもしれないな」と反省するのが適切な反応であるはずなのに、プライスの話を聞いた教授たちは、「そういうデータがあるのかもしれないけれども、私には当てはまらない」と答えたのでした。

私たちは、たとえ明らかな統計データを突きつけられても、ちっともそんなものを受け入れないのです。「自分だけは特別、自分だけは例外」と思い込んでしまうわけです。

アメリカでは、結婚したカップルのだいたい2組に1組が離婚しています。破局を迎える可能性は50％という高確率です。

ところが、結婚を控えた人たち、あるいは将来的に結婚したいと思っている人たちに、「あなたが離婚する確率は？」と尋ねると、どんな答えが返ってくるでしょうか。

読者のみなさんもだいたい推測できるように、答えは「０％」でした。

「他の人はともかく、自分はそんなことにはならないよ」というのが大半の反応なのです。統計的な事実があっても、私たちは、そんなもの知ったことではない、と思うのでしょう。

これはアリゾナ州立大学のリン・ベイカーの調査なのですが、初婚の人に「アメリカの離婚率は？」と推測させると、50％と正しい数値を推測できたのに、「あなたが離婚する見込みは？」と聞くと、なぜか「０％」と答えるのです。まったく不思議です。

ちなみに、日本の離婚率は35％です。３組に１組が離婚している計算になるわけで、アメリカに近づいているといえます。

では、読者のみなさん自身はどうでしょう。

「私は離婚なんてしない」と考える人のほうが多いのではないでしょうか。いくら明確な統計があっても、自分だけは当てはまらないと考えてしまうのではないでしょうか。

これは病気や事故でも同じことです。

人間というのは、どうも自分に都合のよいようにデータを解釈してしまうようです。そのあたりが、人間の人間らしいところだともいえるわけですが。

69 神を信じない人は冷たい人が多い？

神の存在を信じていない人のことを「無神論者」といいます。

こういう人は、道徳的な意識が低く、他の人のことなどまったく気にしない人だったりするのでしょうか。なんとなくそういうイメージがありますが、実際のところはどうなのでしょう。

ペンシルバニア州立大学のジャスティン・ディドヤングは、毎週教会に出かけて、きちんと宗教的な行事にも参加する有神論者と、そういうことをまったくやらない無神論者を集めて、それぞれに愛他性テストを受けてもらいました。愛他性テストとは、どれくらい他の人に親切にできる人なのかを測定するテストです。

では、気になる結果はというと、有神論者と無神論者には、まったく差がないことがわかったのです。

「神さまなんて、まったく信じない」

そういう考えの人も、宗教心にあつい人も、どちらも愛他性は変わりませんでした。無神論者だから、人に親切なことをしないのかというと、どうもそういうわけではないようです。

たとえば、科学者は無神論者で、冷たい印象があるといわれています。

けれども、無神論者の科学者がみな冷たい人なのかというと、そういうことにもなりません。普通の人と同じように、困っている人がいれば援助を申し出るでしょうし、寄付を求められれば寄付もするでしょう。

「無神論者は人に冷たい」ということは、決してないのです。科学者が冷たいようなイメージを持つのは、映画やマンガなどの影響でしょう。そこに出てくる科学者は、科学のことだけを考えているマッド・サイエンティストのような姿で取り上げられることが多いからです。

実際のところ、科学者の中にも、心やさしい人はたくさんいて、その割合は普通の人とあまり変わりません。冷たいということもありません。

ただ、科学者のみなさんは、どちらかというと理性的な人が多く、あまり感情をあらわしたりはしないので、それが冷たい印象を与えるということはあるでしょう。しかし、彼らに話しかければ普通にしゃべってくれます。お願い事をしても、「いいよ」と気軽に受けてくれる可能性は、普通の人と同じくらいに高いと考えてよいと思います。

他の国に比べると、日本人は、どちらかというと宗教的な意識が強くない国民だといわれていますが、そうはいっても、日本人が不親切かというと、そんなこともありません。**無神論者であるかどうかと、愛他性の高さには、まったく何の関連もない**のです。

70 校長先生の話が記憶に残らない理由

話というものは、相手に興味を持ってもらわないとまったく意味がありません。どんなにありがたい話であっても、相手にそれを聞く気がなければ、左の耳から右の耳へと、ただ通り過ぎるだけで終わってしまいます。

小学校や中学校時代に、校長先生の話が、やたら長くて辟易《へきえき》した、という思い出はありませんか。ものすごくいいお話をしていたのかもしれませんが、その内容について、まったく記憶がない人も多いはずです。それは話に興味がなかったので、耳に入ってこなかったからです。

話をするときには、その話に相手がどれくらい興味を持っているのかを見極めることが大切です。

「この人はあまり興味がなさそうだな」というときには、話を要約して伝えたり、詳細な部分を削ったり、面白いたとえ話などを交えるとよいでしょう。ブッダはそのような伝え方をしていたといいます。「人を見て法を説く」というやつですね。

イェール大学のパメラ・ウィリアムズ・ピエホタは、約５２０名の女性に対して、乳がんと

■表⑫　半年後に乳がん検査を行った割合

	詳細な文章	簡潔な文章
興味がある人（217名）	43.5%	37.9%
興味がない人（283名）	29.2%	48.8%

マンモグラフィ検査についての文章を読んでもらいました。

ただし、文章は2種類用意しておきました。「マンモグラフィ検査で乳がんを早期発見できれば、命が助かりますよ」という簡潔な内容のものと、マンモグラフィ検査がどういうものなのかを詳細に説明した内容のものです。

また、ピエホタは、それぞれの女性が、乳がんの検査にどれくらい興味があるのかも事前に教えてもらいました。

文章を読んでもらってから、半年後、実際にどれくらいの割合の女性が乳がん検査を受けたのかのデータは上のようになります（表⑫）。

検査に興味がある人は、詳細な文章のほうを好みました。もともと興味があるので、詳しく教えてもらうことで検査をしようという気持ちになったのですね。

ところが**興味がない人には、詳しい情報を与えることは逆効果**でした。むしろ、簡潔な文章を読んだことで検査を受ける人が増えています。

保険の外交員ですとか、営業の人の中には、相手がまったく興味がないというのに、とても熱心に、詳しく説明しようとする人がいますが、それはあまり効果的ではありません。相手が、「はぁ、はぁ…」と気乗りのない相づちを打っていたら、それは興味がないという証拠ですから、深追いしないほうがいいかもしれません。

71 大教室での講義がオススメできない理由

私は大学の先生をしていますが、たくさんの学生が履修する大教室での講義が苦手です。かつてはそういう講義も担当していましたが、最近はカリキュラム担当のスタッフにお願いして外していただきました。

何百人もの学生を集めて講義をしようとしても、なかなかうまくいきません。これは私の指導能力や教え方の問題もあるでしょうが、それ以上に大勢の学生がいると、学生のほうで、「私のことなんてどうせ先生は見ていないだろう」と思って、サボるようになるからです。

大教室の講義というのは、たいていの学生は本気で参加していません。居眠りをしていたり、何か他のことをしていたりします。先生からすれば、そういう生徒はとても目立つのですが、学生はそれに気づかれていないと思っているのです。

ロンドン大学のピーター・ブラッチフォードは、1万人以上の子どもを調査し、**25人以下のクラスの人数だと、成績のよくない子どもほど大きな恩恵を受ける**ことを突き止めました。理由は単純で、先生によく見てもらえるからです。先生も、25人くらいまでなら一人一人をしっかり指導できます。

ところが、**大人数のクラスだと、先生は一人一人をきめ細かく見ることができなくなり、成績のよくない生徒はさらに悪い成績になっていく**こともわかりました。また、生徒もあまり授業に集中せず、よくサボることもわかりました。課題を出されても、大人数のクラスではやらないのです。

授業というものは、できるだけ人数を絞ってやらないとあまり意味がないのです。

少子化の影響もあって、１クラスの人数もますます減っていきます。これは、学習効率からいえば、非常によいことです。あまりに少なすぎても、それはそれで社会的には問題になりますので手放しで歓迎はできませんが……。

ちなみに、会社で会議を行うときにも、できるだけ参加者は絞ったほうがいいでしょう。参加する人数が増えれば増えるほど、大学の講義と同じように、会議に参加しない人が増えますから。いてもいなくてもいいような人、きちんと発言しないような人は、会議を活性化するためにも、できれば参加してもらわないほうが効果的です。

会議に参加する人が多くなればなるほど、大学の講義と同じで、サボったり、手抜きしたりする人が増えていきます。これではよい会議はできません。

72 家計の財布は、奥さんが管理するのが正しい

世のお父さんの中には、給料をそっくり奥さんに渡して、その中から、自分の小遣いをもらっている人もいるでしょう。むしろ、そういう人のほうが多いのではないかと思います。

自分が稼いできたのに、自由に使えないので、「なんだか納得できない」「どうも釈然としない」と感じている人もいるでしょうが、心理学的にいうと、このやり方は大正解です。ですので、奥さんに不満などを言ってはいけません。

なぜお父さんが管理をしないほうがよいかというと、それは男性だからです。**男性にお金を持たせると、考えなしに使ってしまう可能性が非常に高い**からです。ですから、奥さんにしっかりと財布のひもを締めてもらっておいたほうが安全なのです。

江戸時代には、「宵越《よいご》しのお金は持たない」という言葉がありました。その日のうちにお金を全部使って、すっからかんになってしまうという意味なのですが、こんな言葉ができたのも、おそらく当時の江戸は、男性が多かったから。男性はお金の使い方が激しいのです。

ミネソタ大学のヴラダス・グリスクヴィシウスは、１３４の都市の未婚の男性と女性の比率

を調べました。また、クレジットカードの保有枚数や、借金についても調べました。

すると、男性が多い都市ほど、①クレジットカードをたくさん持っている人が多い、②借金する人も多い、という結果が得られたのです。

この結果から男性は、あまりお金を貯金せず、即時的にお金を使ってしまう傾向があることがわかりました。

こういうことを考え合わせると、男性に家計をまかせることの危うさがよくわかります。

男性にお金を持たせると、飲みに行ったり、ギャンブルに使ったりと、後先を考えずに使い込んでしまいます。これでは、子どもの学資を貯金したり、老後に備えたりすることはできないですよね。


家計の財布は、奥さんに預かってもらうのが一番です。

かくいう私も、世のお父さんたちと同じく、奥さんに家計をしっかりと握られていて、完全にお小遣い制です。なんだか小さな子どもみたいだな、と感じることも多いのですが、男性は、もともと大きな子どもみたいなものですから、これもしかたがないと割り切っています。

73 キャンペーンをするのなら、直接に訴えないと効果がない

ラテンアメリカでも最貧国のひとつボリビア。

この国では水道システムがほとんど整備されておらず、飲料水は数日おきにやってくるトラックの給水に頼っています。水の質がとても悪いので、衛生状態も最悪です。水を浄化できる装置は高額なので、ボリビア国民にとっては簡単に設置できるものではありません。

ところが、誰でも簡単に水を浄化できる方法が見つかりました。それはペットボトルに水を入れて陽の光に当てるだけです。これでかなりの殺菌ができ、なにより費用もかかりません。

そこでこのやり方を普及させるべく、いくつかのキャンペーンが行われることになりました。

スイス連邦水産科学技術研究所のアンドレア・タマスは、ボリビアの4地区を選んで、それぞれに異なるキャンペーンを行い、どのキャンペーンが効果的なのかを調べました。

まず1つ目の地区では、まったく何もしませんでした。実験でよくある、他と比較するためのコントロール条件です。まったく何もしないのですから、当然、普及もしませんでした。

2つ目の地区では、「ペットボトルに入れて外に出しておくだけで、衛生的な水が手に入り

ますよ」ということを、地区中に自動車を走らせ、拡声器でアピールしました。マスメディアで訴えるやり方ですね。ところが、このやり方もまったく効果がありませんでした。

３つ目の地区では、３人のスタッフを雇って、各世帯を訪問しながら、ペットボトル浄化法をアピールしました。このやり方は非常に効果がありました。

４つ目の地区では、地元のオピニオン・リーダー（学校の先生）にお願いして、普及の促進をお願いしました。こちらもそれなりに効果がありましたが、３人のスタッフが訪問するほどではありませんでした。

結局、**一般に広く伝えるためのマスメディアに頼る方法は、キャンペーンとしてはあまり効果的でない**ことがわかりました。キャンペーンをするときに最も効果的なのは、とにかくたくさんの人員を雇って、その人たちにアピールしてもらう方法が最善なのです。人を雇うので、お金はかかりますが、マスメディアにお金をかけるよりは、はるかに大きな結果が伴います。

マスメディアというものは、広く知らせるには、非常に効率のよい方法ですが、人に行動を促すほどの効果は持っていないようです。やはり、**人が直接的に訴えないと、キャンペーンは難しい**ようです。

選挙で、自動車を走らせてスピーカーで政策を訴える候補者もたくさんいるのですが、そういうやり方はあまり効果的ではなさそうです。

74 日本人は外国でも日本人のまま

海外で行われるオリンピックやワールドカップなどの国際大会で、日本人のサポーターは、非常に礼儀正しいことで知られています。**日本人は、たとえ外国に出かけても、やはり日本人のまま**なのです。いきなり態度が悪くなったりはしません。日本の社会で決められている通りの規律を守って行動するのです。

ちなみに、日本人の外交官は、外国でもルール違反をしません。

２００２年まで、ニューヨーク市では、「外交官とその家族は駐車違反で罰せられない」という特権が認められていました。

コロンビア大学のレイモンド・フィスマンは、この外交官特権を、どの国の外交官が、どれくらい利用しているのかを調べるため、各国の外交官とその家族１７００人の駐車違反を調べてみました。彼らは駐車違反をしても見逃してもらえましたが、違反キップの数は記録として残っていたのです。

世界中の国家の腐敗度を調べている「トランスペアレンシー・インターナショナル」が発表

した国の腐敗度ランキングと、駐車違反の数にはきれいな比例関係が見られました。つまり、腐敗度の高い国の外交官とその家族ほど、大量の違反をしていたのです。

１９９７年から２００２年までの５年間で、クウェートの外交官は一人当たり２４６回もの違反をしていました。国の腐敗度の高い、エジプト、ナイジェリア、スーダン、エチオピアの外交官も相当に違反していました。

では、日本の外交官はどうだったのでしょう。

なんと、この期間での駐車違反はゼロ。日本の外交官は、「駐車違反をしてもいいよ」と暗に言われていても、その特権を利用しようとはしませんでした。日本人は、日本人らしく行動していたのです。なんだか、日本のサポーターが、海外でも礼儀正しいのと似ていますね。

国の腐敗度の低いスウェーデン、カナダ、デンマーク、ノルウェーといった国の外交官も、やはり駐車違反はしませんでした。賄賂《わいろ》やら、ルール違反が当たり前のようにはびこっている国の外交官と違って、腐敗度の低い国の外交官は、外国においてもルール違反をしないようです。

「旅の恥は掻き捨て」という言葉があり、知らないところに行くと、私たちは、ついハメを外しすぎてしまいそうですが、実際には、調査によるとそんなこともないようです。日本人は、どこに出かけても、やはり日本人のまま、というのが正しいのではないかと思われます。

75 国民の幸福度には、大気汚染が影響している

かつて、その国の幸福度というものは、ＧＮＰやＧＤＰで測られていました。経済が発展すれば、それだけ裕福になることができ、それが国民の幸福度を引き上げるだろうと思われていたのです。誰もこの考えを疑っていませんでした。

ところが、１９７２年、当時のブータンの国王ジグミ・シンゲ・ワンチュクの提唱で、ブータン王国では、ＧＮＰではなく、ＧＮＨ（Gross National Happiness）という指標が作られました。そのまま訳せば「国民総幸福量」となります。たとえ貧しくとも、国民一人当たりの幸福が最大化できればいいという考えから生まれた指標です。

この指標は、今では他の国でも参考にされていて、国民幸福度の世界ランキングなども発表されています。

では、国民の幸福度はどうやって測定されているのでしょうか。

いくつかの調査があり、それぞれに微妙に項目が違っていたりするのですが、教育、医療、安全、住居、収入、仕事など、多面的に測定されます。

この指標との関連で見逃されているものが一つあることがわかっています。そう指摘するの

はドイツにあるオルデンブルク大学のハインツ・ウェルシュです。

ウェルシュによると、国民幸福度は、何とその国の「大気汚染の度合い」とも関連しているというのです。大気汚染が少なくなれば、それだけで国民幸福度も上がるのです。

ウェルシュは、１９９０年から１９９７年までの間のヨーロッパ10カ国のデータを分析してみましたが、この期間に大気汚染が大幅に改善されたので、国民幸福度もそれに符号を合わせるようにして高まっていることを明らかにしています。


ウェルシュによると、大気汚染を改善させると、年間に１０００ドル以上の収入が増えたときと同じくらい幸福度の上昇に寄与するそうです。

空気がまずいところでは、たしかにあまり幸福感は得られないかもしれません。

空気がおいしいところといえば、都市部ではなく田舎です。そして、往々にして、田舎に住んでいる人というのは、自分の生活に幸福を感じていることが多いのです。最近は、都市部から田舎へ移住する人も増えているそうですが、幸福を得るためにはよいことだと思います。

空気がおいしいかどうか、おいしい水が飲めるのか、といった指標は、国民幸福度には入っていないことが多いのですが、そういうものも入れたほうがよいのではないでしょうか。

いくら経済が発展しても、いくら交通網が発達しても、それによって**空気が汚れてしまうのでは、人は幸福を感じることはできなくなってしまいます**から。

76 友だちが少ない人と友だちになりたい!?

友だちがたくさんいる人は、何となく羨ましいと感じます。いろいろな人と交流できることは、素晴らしい経験になりますから。

ところが、興味深いことに、「他の人」は、たぶん友だちがたくさんいる人と友だちになりたいと思うかもしれないけれども、「自分」は、そういう人は避けたい、と答える人のほうが、実は多かったりするのです。これは、「友だちの数のパラドクス」という現象です。

中国にある澳門《マカオ》大学のカオ・シーは、フェイスブックで友だちが50人いる人と、500人いる人に対して、「他の人」はどちらと友だちになりたいと思うか、また、「自分自身」はどちらと友だちになりたいかを尋ねてみました。

すると、他の人はおそらく500人の友だちがいる人を選ぶだろうと予想する人のほうが圧倒的多数でした。71%の人（51人中36人）が、他の人はたぶん500人も友だちがいる人を選ぶだろうと答えたのです。

ところが、自分自身がどちらと友だちになりたいかと聞かれると、今度は500人も友だちがいる人と答える人は少数派でした。31%の人（51人中16人）しか、そちらを選ばなかったのです。では、なぜ自分は、友だちが少ない人のほうがよいのでしょうか。

シーによると、その理由は友だちが多い人は、それだけ魅力的だから。友だちがたくさんいる人は、魅力があるから友だちが多いわけであって、そういう魅力的な人とでは、自分は釣り合わない、と思っていたのです。友だちがたくさんいる人を、決して嫌ってはないのです。ただ、そういう魅力的な人は、恐れ多くて、とても自分では付き合えないと思ってしまうのです。こういう理由で、**私たちは、友だちが多い人を避けてしまう**のです。

この心理は、私にもよくわかります。私も、友だちがたくさんいる人を、なぜか避けてしまいます。友だちがたくさんいる人は、どこかキラキラしていて、私にはまぶしすぎるのです。

たとえば、各種の交流会やパーティなどで、私は人の輪ができているグループにはどうしても入っていけません。むしろ、一人きりでぽつんと立っているような人に声をかけてしまいます。「どうしてなのかな?」と長らく思っていましたが、シーの論文を読んで、ようやく納得できました。この心理は、言ってみると、**「高嶺の花」を避けてしまう男性の心理に似ているのかもしれません。**男性は、とびきりの美人が大好きですが、あまりにも魅力的すぎると、とても自分とは釣り合えないと感じて、自分のほうから敬遠してしまいがちです。

「自分には友だちが少ない」と嘆いている人がいるかもしれませんが、そんなことは気にしなくてよいでしょう。「そういう人のほうが好ましい」と感じている人は、世の中には、意外にたくさんいて、そういう人が友だちになってくれるかもしれませんから。

第5章

「心」のしくみがわかる心理学

77 女性は普通の体型が一番望ましい

日本人女性は欧米の女性と比べると、スレンダーな人が多いのに、それでもダイエットに精を出す女性がたくさんいます。ではなぜ、それほどムキになってダイエットに励むのでしょうか。

おそらく、世の女性の大半は、「ほっそりした体型のほうが絶対的にトクだから」と感じているからです。細身の体型のほうが、男性からのウケもよく、生きていく上で何かとエコひいきしてもらえる、と信じているのでしょう。

けれども、痩せすぎというのは、太りすぎと同じように、あまりトクをしないことが実験的に確かめられています。

イギリスにあるアングリア・ラスキン大学のヴィレン・スワミは、数多くの男性に、いろいろな体型の女性を見せて、「あなたが管理職なら、彼女を採用するか？」と質問してみました。また、「彼女が困っていたら、助けるか？」とも質問してみました。

その結果、太っている女性（ＢＭＩが30以上）のときには、採用もしないし、助けもしない、という回答が多く見られました。太っている人は、なにかと差別を受けやすいというのは、なんとなく想像ができます。

ところが、興味深いのは、痩せすぎの女性もまた差別を受けてしまうところです。

スワミが調べてみると、痩せすぎの女性（ＢＭＩが15以下）も、太りすぎの女性と同じように、採用もしてもらえませんし、助けてももらえない、という結果が出たのです。

男性にとっては、やはりごくごく普通の体型の女性が一番好ましいと感じるようです。

スレンダーな女性は、もちろん魅力的です。

しかし、スレンダーで魅力的な女性が困っているとき、男性というものは、「なんだか下心があると思われてしまいそう」と感じて、手助けするのをためらってしまうところがあるのです。高嶺の花には、声をかけにくい、という心理が働くこともあるでしょう。

その点、ごく普通の体型の女性が困っていたら、「大丈夫？　何か手伝おうか？」とすぐに声をかけることができます。相手が普通の人なら、声をかけるのもそんなに抵抗がないのです。

女性のみなさんは、魅力を磨くために、必死になってダイエットをしていますが、スレンダーな体型を手に入れて魅力的になりすぎると、かえって男性から敬遠されがちになる、ということも知っておいた方がいいかもしれません。

やはり何事も普通が一番、ということでしょう。

78 商品の価格の好ましさには、面白い現象が隠されている

私たちは、自分の名前が大好きです。これを「ネーム・レター効果」と呼ぶことは、前の項目でご紹介したとおりです。

さて、そのネーム・レター効果なのですけれども、実は、商品の価格の好ましさにも影響してしまうことが明らかにされています。**私たちは、本当に自分自身、そして自分に関連したものが大好き**なようですね。

アメリカにあるクラーク大学のキース・コールターは、名前が「Ｅ」で始まる人、たとえば、「エドワード」や「エリクソン」といった名前の人は、「88」（Ｅｉｇｈｔｙ－ｅｉｇｈｔ）という数字を好むはずなので、そういう価格を好ましく感じるのではないか、と考えました。ネーム・レター効果を考えれば、たしかにそのようになるはずです。

同じように、コールターは、名前が「Ｔ」で始まる人、たとえば、「トム」や「トッド」という名前の人は、「22」（Ｔｗｅｎｔｙ－ｔｗｏ）を好むだろうと仮説を立てて実験をしてみたのです。

■表⑬　それぞれの名前の人が価格を評価した結果

	名前がE		名前がT	
商品の価格	688ドル	622ドル	688ドル	622ドル
価格の好ましさ	4.42	3.29	3.38	4.43
購買意図	4.91	3.88	3.75	5.15

※数値は高いほど、「好ましい」「購入したい」という気持ちを表します

コールターは、大学生の中で、名前が「E」で始まる人と、「T」で始まる人を集めて、「架空の自転車について評価してもらいたいんだ」というインチキな名目で、実験用に作った広告を見せてみました。価格には、688ドルのものと、622ドルのものが用意されていました。

なぜ、価格を「88ドル」と「22ドル」にしなかったのかというと、4倍もの価格差があると、「22ドルのほうがはるかに安い」と感じられてしまうためです。そこで、あまり価格差を感じさせないように688ドルと622ドルとしたのでした。

さて、それぞれの名前の人が、それぞれの価格を評価した結果は表⑬のようになりました。

コールターの仮説はまさしく正しいことがわかります。ネーム・レター効果は、こんなところにも影響するようなのです。私たちが、どれだけ自分の名前を気に入っているのかがよくわかる結果です。

日本で考えると、「百瀬さん」といった人は、「１００」という数字が好きで、「千鳥さん」という人は、「１０００」という数字が好きになるのでしょうか。どなたか、実験してくださると面白いかもしれません。

79 赤信号、みんなで渡れば怖くない

私たちは、自分がどのような行動を取るのかを自分自身で決めているわけではありません。「えっ、自分のことなんだから、自分で決めているのでは？」と思われるかもしれません。そういうケースもあるでしょう。けれども、ほとんどの場合においては、**“周囲の人たち”を見て、自分の行動を決めています。**つまり、周囲の人とはなるべく外れないように行動するのが一般的なのです。

ルールを守るかどうかもそうで、自分で判断しているわけではありません。周囲の人がルールを守っていれば、やはり自分も守らなければならないな、という気分になりますし、周囲の人がズルをしていれば、自分だけルールを守っているのもバカらしいと感じますから、ルールにはあまり従わなくなります。

身近なケースで考えてみましょうか。

読者のみなさんは、きちんと信号を守っていますか。赤信号では、きちんと止まっているでしょうか。片側だけで何車線もあるような大きな交差点では、しっかりとルールを守るかもしれませんね。なにしろ、自分の生命に危険がありますから。

では、ものすごく小さな道路で、しかもほとんど自動車など走らない道路ではどうでしょう。信号が青になるのをきちんと待つでしょうか。それとも、赤信号でもホイホイと渡ったりしませんでしょうか。おそらく、こういう状況では、他の人がどうしているか、によって自分の行動を決めていると思われます。周囲の人がきちんと守っていれば、みなさんも赤信号を渡ったりはしませんし、みんなが普通に横断歩道を渡っているのを見れば、安心して信号無視をするのではないかと心理学的には予想されます。

アメリカのシラクーゼ大学のブライアン・ミューレンは、のべ２万３８６０名の歩行者についての信号無視を調べてみましたが、しっかり守っている人が隣にいるときには16・５％しか信号無視をしないことがわかりました。ところが、知らない人が先に道路を渡り始めると、44・１％が信号無視をすることがわかったのです。他の人がやっていると、いきなり２倍以上も信号無視は増えるのですね。

性格的にきちんとした人で、道徳的な規律を重んじ、社会の法律をしっかり守るような人でも、他の人がルール違反をしていたら、どうでしょうか。やはり、自分もルール違反を真似てしまうだろうと思われます。それが人間というものです。

よほどの道徳心を持っている人であれば、すべてのルールをしっかり守るのでしょうけれども、たいていの人は、そこまでの道徳心を持ち合わせていません。**他の人がルールを守っていなければ、自分も守らなくなってしまう**ものなのです。

80 反則が多いほど名選手!?

ある指標を調べれば、その選手が優れた選手なのかどうかをかなりの確率で見抜くことができます。たとえ、自分があまり知らないスポーツの、よく知らない選手であってもです。

では、どんな指標に着目するのかというと、それは反則の数です。

しょっちゅう反則している選手ほど、実は、優れた選手なのです。ラフプレーで反則するということは、一流の選手である証のようなものだと考えてよいわけですね。特に、身体接触を伴うアメフト、ラグビー、サッカーやバスケットボールでは、この傾向があります。

アメリカ退役軍人省のジョン・マッカーシーは、大学のアイスホッケーチームの記録を8年分ほど分析してみたことがあるのですが、反則をよくする選手ほど、得点数も、アシスト数も高くなることを明らかにしました。

優れた選手ほど、ラフプレーをするものなのです。

たいていのスポーツはそうだと思うのですが、負けず嫌いで、競争的で、攻撃的でないと、優れた選手にはなれません。そして、**競争的であるとか、攻撃的ということは、それだけ男性**

ホルモンである、テストステロンをたくさん分泌しているものです。

テストステロンが過剰に分泌された選手は、どうしてもラフプレーが多くなります。熱くなりすぎてしまうので、反則も当然増えてしまうことも予想されます。

反則が多いというのは、あまりホメられたことでもないのかもしれませんが、反則を恐れていたら、よいプレーはできません。「負けてなるものか！」とテストステロンをどんどん分泌し、やりすぎるくらいのプレーをしなければ一流にはなれないのです。


テストステロンということで思い出しましたが、スポーツの世界だけでなく、たいていの世界では、**テストステロンをたくさん分泌している人のほうが成功しやすい**、というデータもあります。

ジョージア州立大学のジェームズ・ダブズは、さまざまな職業で働く人たちのだ液を採取させてもらい、テストステロン量を測定する一方で、それぞれの職業での成功度合いについても調べてみたのですが、フットボール選手でも、俳優でも、医者でも、大学教授でも、消防士でも、セールスマンでもテストステロンが多い人ほど成功しやすくなることがわかりました。

男性ホルモンであるテストステロンは、やる気や意欲を高める効果がありますから、それが多い人ほど成功しやすいといえるのです。

81 法律は厳しくなければ意味がない!?

法律というものは、厳しければ厳しいほどよいのでしょうか。それとも、寛大なほうがよいのでしょうか。

いろいろな意見があるとは思いますが、**凶悪犯罪や事件を抑制するためには、できるだけ厳しい法律が有効のようです。**私たちは、打算的なところがありますから、重い罰が待っていると思えば、おかしなことをしないものです。

日本でも、最近は厳罰化の方向に向かっています。

少年法が改正されたり、道路交通法が改正されたり、殺人罪の法定刑の下限が引き上げられたりなど、さまざまなところで厳罰化が進んでいます。

こういう「懲罰主義」に眉をひそめる人もいるでしょうが、法律が厳しくなると、それだけ悪いことをしようという気持ちを抑制できますから、基本的にはよいことだと私などは思っています。

たとえば、飲酒運転。飲酒運転で交通事故を起こす人は後を絶ちませんが、それでもお酒を飲んでしまう人は、昔はけっこういました。ところが、罰金が100万円に引き上げられ、運転免許証の取り消しという厳罰化がなされてからは、飲酒運転をする人は驚くほど減ったように思います。

殺人事件もその傾向があります。酔っぱらって、つい衝動的に殺人を犯してしまう人もいるのですが、厳罰化されていると、そういうものを抑制できることを示す研究があります。

ボストン・メディカル・センターのティモシー・ナイミは、全米の17の州の飲酒を取り締まる法律の厳しさと、殺人事件との関連性について、２００３年から２０１２年までの統計を調べてみました。

すると、明らかに飲酒を厳しく取り締まる州のほうが、殺人事件が少ないことがわかったのです。

「法律はできるだけ寛容なほうがよい」という意見があることもわかるのですが、ルールや法律といったものは、ある程度は、**厳しくやらないと、現実的にあまり意味がない**のかもしれません。

学校の校則もそうです。「１回で退学」という重いルールを設けている学校のほうが、生徒の規律も正しく守られている印象を受けます。校則があってもないような、緩い学校では、生徒もだらしなくなってしまうような印象を受けるのは私だけでしょうか。

82 麻薬捜査犬の実力はいかに

歴史的に見て、人類ともっとも親しく付き合ってきた動物といえば、犬でしょう。何千年も前から、人類と犬は共存しながら生きてきました。犬は番犬にもなりますし、盲導犬にもなりますし、人類にとって非常に大切な友人だといえます。

私たちにとって、番犬や盲導犬は身近な感じがしますが、犬は他にも役に立ってくれています。人間よりも鼻が利くので、麻薬捜査にも役に立ってくれているのです。空港などで、運び屋が麻薬を運んでいると、いち早くそれを見抜いてくれるのが麻薬捜査犬です。

けれども、そんな**麻薬捜査犬も、たまには間違えてしまうこともある**そうです。

カリフォルニア大学デーヴィス校のリサ・リットは、犬というのは、とても賢い動物なので、ハンドラー（調教師）の顔色をうかがって反応してしまうこともあるのではないか、と考えました。そこで、その予想を確かめるための実験をしてみたのです。

実験に参加したのは、18組の麻薬捜査犬とそのハンドラーです。たくさんの荷物を用意し、どれに爆発物や麻薬が入っているのかを当てさせてみたのです。

ただし、ハンドラーには、特殊なマーカーがついている荷物には、爆発物か麻薬の匂いがする可能性が高いということを伝えておきました。けれども、これが真っ赤なウソ。実際には、どの荷物にも匂いなどはありませんでした。爆発物も麻薬も隠されていません。つまり、麻薬捜査犬が何らかの警告を発したのだとしたら、すべて不正解、ということになります。

実験をしてみると、ハンドラーが特殊なマーカーの印を見て、「これは怪しいな」と思っていると、それを捜査犬は敏感に察知して、吠えてしまうことがわかりました。

犬というものは、ご主人様であるハンドラーが期待することをやってしまうのです。

ハンドラー自身は、自分が何らかの合図を出していることなど、まったく気づいていません。けれども、ハンドラーは、自分が怪しいと思っているところでは、少し長く立ち止まったり、犬の目を見つめてみたり、いぶかしい表情をしてみたりするので、犬はそういう微妙な合図に反応してしまうのです。

麻薬捜査犬は、とても賢いだけに、匂いだけを手がかりにするのではなく、ハンドラーの気持ちまで読み取って行動してしまうのです。

麻薬捜査犬を有効に役立てるためには、ハンドラーがおかしな思い込みをしないことが大切です。「こういう荷物は怪しいんだよな」と思っていると、犬も間違えてしまいますから、すべてを犬の鼻に任せて、自分は何もしないほうがよいのです。

83 自分と同じ文字で始まる会社に投資しやすい

私たちは、自分の名前には誰でも愛着を感じています。「自分の名前が嫌い」という人もいるでしょうが、それはあくまでも少数派。大多数の人は、自分の名前を大好きなはずです。

面白いもので、**私たちは、自分の名前が好きなだけでなく、自分の名前と似ている名前まで好きになる**傾向があります。「まさし」くんは、「まさのり」くんとも、「まさふみ」くんとも友だちになりやすいといえるのです。**これを心理学では、「ネーム・レター効果」と呼んでいます。**この場合の「レター」は、「手紙」という意味ではなくて、「文字」という意味です。

このネーム・レターに関して、面白い研究があります。

ミシガン工科大学のヘザー・ニュートソンは、「どうしてスージーは、スターバックスに投資してしまうのか」という、とてもユニークなタイトルの論文を発表しています。

「スージー」（Ｓｕｓｉｅ）と、「スターバックス」（Ｓｔａｒｂｕｃｋｓ）は、どちらも「Ｓ」から始まりますよね。ですから、スージーさんは、Ｓ以外の文字で始まる名前の人に比べて、スターバックスに愛着を感じやすく、投資先としてスターバックスを選びやすいはずだ、と考えたのです。なるほど、たしかにこの考えは理にかなっています。

ちなみに、アメリカ人には、「マイク」や「マリア」のように、文字が「M」で始まる人名が多いのですが、「M」で始まる社名のほうが、「X」で始まる社名の会社よりも、より多くの株主を集めることができる、ということもニュートソンは明らかにしています。

きちんとデータをとったわけではありませんが、同じことは日本でも見られるのではないでしょうか。

明治安田生命が２０１８年８月８日に発表した、名字ランキングで、日本で最も多い名字は「佐藤さん」で、２位は「鈴木さん」なのですが、どちらも「さ行」の名前ですよね。

こういう名字の人は、おそらく、ソニーやスズキといった企業に愛着を感じ、株主になりやすいのではないでしょうか。少なくとも心理学的にはそんな予想ができるわけです。

ちなみに、日本人で３番目に多い名字は、「高橋さん」なのですけれども、た行の企業といえば、すぐに思い浮かぶのがトヨタ。ひょっとすると高橋さんは、他のメーカーの車より、トヨタ車を選びやすい、ということがあるかもしれません。こちらもデータを取ったことがないので何とも言えませんが。あるいは、高橋さんは、タカラトミーのおもちゃのコレクターが多いのかもしれません。

84 投資家は自国の企業の株を購入しやすい

投資家は、外国の企業の株よりも、なぜか自国の企業の株をよく買います。

これを**「ホーム・バイアス」**と呼びます。

なぜ、外国の企業の株を買わないのでしょうか。

その理由はこうです。私たちは、**自国の企業のほうが、外国の企業よりも、よく知っていると思い込みやすい**のです。これが「ホーム・バイアス」です。自国の企業だからといって、そんなに内情を詳しく知っているわけではないはずなのに、何となく自国の企業のほうが、いろいろと知っているように錯覚してしまうのです。ちなみに、心理学には「○○バイアス」と呼ばれる用語はたくさんあるのですが、「バイアス」というのは、「心の歪《ゆが》み」という意味です。

シカゴ大学のケネス・フレンチは、日本人投資家、アメリカ人投資家、イギリス人投資家が、それぞれにどの国の企業の株の売買をしているのかを調べてみました。

すると、どの国の投資家にも、しっかりとホーム・バイアスが見られました。日本の投資家の売り買いの98％は日本企業の株、アメリカの投資家では94％がアメリカ企業の株、イギリスの投資家は82％がイギリス企業の株だったのです。

これほど世界のグローバル化が進めば、外国の企業の株の売買も盛んにやっていそうなものですが、現実には、どの国の投資家も、自国の企業の株の売り買いを中心にやっていると思ってよいでしょう。

昔ですと、外国の企業のさまざまな情報を得るのは難しかったかもしれませんが、今ではインターネットでどの企業の情報も簡単に入手できます。企業は投資家に自社株を買ってほしいので、さまざまな情報をオープンにしていますから、情報を得るのは簡単なはずです。

とはいえ、やはり人間は、自国の企業のほうがなんとなく詳しく知っているような気がしますし、なんとなく親しみや安心を感じるので、どうしてもそちらを買ってしまうのかもしれません。

私は株をやりませんが、投資家の人たちは、世界中の企業の情報を精査しながら、株の売り買いをやっているのだと思っていました。しかし、そうではないようです。どの国の投資家も、自国の企業の株を中心に売り買いをしていることのほうが、ずっと多いのですね。

85 商品にも「人格」がある

私たちは、生命のない対象に対しても、人間と同じような〝人格〟が宿っていると思うところがあります。神社などで木や石を祀《まつ》っているところもありますが、人間はどんなものにも生命を感じる傾向があります。

興味深いのは、市販されている商品や製品にも、同じように〝人間性〟を感じてしまうところです。

ちなみに、**商品に対して、ある種の「人格」を感じてしまう現象**については、**「プロダクト・パーソナリティ」**と呼ばれています。

オランダにあるナイエンローデ大学のP・ゴーヴァーズは、テーブルワインの人格についての研究を行っています。

ゴーヴァーズは市販されているテーブルワインで、形だけが違うものを何種類か用意し、見た目だけで、その人格を判断してもらいました。すると、次のような人格が推測されやすいという結果を得ました。

●ワインボトルがまっすぐで細長い　↓　知的・独立心がある
●ボトルの下部に丸みがあって、先端は細長い　↓　女性的・チャーミング・陽気
●ボトルの下部がどっしりと太い　↓　しっかりした・保守的

また、ワインボトルの人格の判断をしてもらった人に、自分の人格を考えてもらうと、ボトルと自身の人格が一致しているときに、そのテーブルワインに好ましさを感じやすいこともわかりました。

たとえば、自分のことを〝知的〟だと思っている人は、ボトルがまっすぐで細長いワインを好んだのです。

私たちは、どんな対象にも、〝人間らしさ〟を感じるようです。

犬や猫を〝人間扱い〟をする飼い主は多いと思いますが、自動車やオートバイにも〝人間らしさ〟を感じる人がいます。恋人を愛するように、自動車を愛することができるのも、その人にとっては、愛車は単なる機械ではなく、まさに人間と同じような存在だからです。

自分の大切にしている持ち物に、〝名前〟をつけたりする人もいるようですが、これも決して奇妙なことではありません。私たちは、どんな対象にも〝人間性〟を感じることができるのですから。

86 商談での勝負服は「赤」で決まり

タイガー・ウッズや石川遼は、ここ一番という大会に出場するときには、「赤」の勝負服を身に着けて臨みます。

赤色は〝強さ〟の色。そのため、まず自分自身を鼓舞して、「さあ、やるぞ！」という気分にさせてくれますし、対戦相手には、強さで威圧感を与えることもできます。ですから、勝負のときは赤色で決まりです。

アントニオ猪木も、赤いマフラーと赤いパンツがトレードマークでした。「燃える闘魂」と呼ばれたくらいですから、やはり赤でないとピンときませんよね。

では、ごくごく普通のサラリーマンにとっては、赤色は活用できない色なのでしょうか。

いえいえ、そんなことはありません。たとえば、大切な商談を控えているとか、セールスや営業をしている人なら、赤色を使うこともできます。

「今日は絶対に契約をまとめなければならない」

「どうしてもこちらの要望を受け入れてほしい」

強い気持ちを前面に出すには、赤色のネクタイや、赤色のスカーフ、赤色のリストバンドの

■表⑭　セーターの色による説得度の違い

赤色のセーター	白色のセーター
4.63	4.08

※数値は7点に近いほど、内容を受け入れたことを示す

腕時計など、とにかく赤色のものを身につけていくとよいでしょう。そうすれば、話をまとめられる可能性がぐんとアップするはずです。

赤色は強さの色ですから、話すときにも声に勢いが出せます。それにまた、赤色を身につけたあなたを見て、相手も心理的に気圧《けお》されるでしょう。そのため、あなたの言い分をそのまま受け入れてくれる可能性は少なからずアップするのです。

カナダにあるトロント大学のナディア・ベイシャーは、まったく同じ話を聞かせる場合にも、**赤色を身につけている話し手のほうが、相手は受け入れやすくなる**ことを確認しています。

ベイシャーは、「水にフッ素を添加することで、虫歯予防ができる」といった内容の文章を用意し、伝え手の写真も載せておきました。ただし、伝え手の写真は2種類用意されていて、赤色のセーターか、白色のセーターを着ていました。

さて、その文章を読み、どれくらい説得されたのかを調べてみると、表⑭のような結果になったそうです。まったく同じ文章でも、伝え手が赤色を着ていると、それだけで説得効果が高まることがわかりますね。

上司にお願いしたいことがあるときには、赤色のネクタイなどを身につけておくと、受け入れてもらえるかもしれません。好意を持っている人を食事に誘うときにも、赤色を身につけておくと承諾してもらえる可能性は高まるでしょう。赤色というのは、いろいろと応用ができる、まことに素晴らしい色なのです。

87 わずか1ドルで驚きの結果に

アメリカでは未成年の妊娠、出産が社会問題になっています。若くして妊娠、出産をしても、満足に子育てができるかわかりませんし、不満足な環境で育てられた子どもは不良になりやすく、大人になると犯罪を起こす可能性も高まってしまうからです。

そのため、何とかして青年期での妊娠を予防したいわけですが、その一環としてノースカロライナ州のグリーンズボロでは、「1日1ドルプログラム」という計画が行われました。

16歳未満で妊娠を経験した65名の女性に参加してもらって、「2番目の子どもを妊娠しなければ、1日1ドルさしあげます」という計画です。すでに妊娠してしまっているので、1人目の子どもはしかたありません。けれども、せめて2番目の子どもの妊娠は思いとどまらせようとしたのです。1日に1ドルというのは、そんなに大きなお金でもありませんよね。ところが、この計画を指揮したヘーゼル・ブラウンによりますと、5年間続いたこの計画期間中、2番目の子どもを産んだのは、わずか15%だったというのです。計画は大成功でした。たいてい若くして妊娠した人は、続けて何人も産んでしまうことのほうが多いからです。私たちは、何もしないで1日に1ドルをもらえるのなら、それがたとえ少額でも、もらおうとするのです。

人に何かをさせようとするとき、たいていの人は、「相当なお金を用意しなければ相手は動いてくれないのではないか」と思いますが、そうでもありません。**私たちは、ほんのちょっぴりでもお金がもらえるなら、喜んで言うことを聞く**ことがわかりました。

スマホゲームによくあるのですが、毎日、アプリで遊んでくれた人には、「ログインボーナス」として、ごく少量のジェムや石（ゲーム内での架空通貨）を配っています。つまらないボーナスにもかかわらず、多くのユーザーはそれを手に入れるため、毎日欠かさずアプリを立ち上げてゲームに参加するのです。まさにゲーム会社の思うツボですね。かくいう私も、この作戦に見事に引っかかっていて、毎日、欠かさずゲームをしている一人です。

人を動かす上で、金銭というものは、非常に大きなインセンティブです。

しかし、その金額については、そんなに大したことがなくても大丈夫なのです。

たとえば、社員の遅刻を予防したいのなら、遅刻せずに出社時間10分前にオフィスにきた人には、毎日50円のボーナスというものをやってみると、どうなるでしょうか。意外に遅刻する人が大激減しそうな気もします。経営者としては余分な給料を払わなければならなくなりますが、一人当たり20日間で１０００円ですからね。どうということもありません。

人間はものすごく打算的なので、「ゼロ」はイヤですけれども、わずかでももらえるなら、喜んで言うことを聞いてしまうところがあるということを知っておくとよいでしょう。

88 イヤなことをするときに楽しむコツ

練習や訓練を好きな人はあまりいません。イチロー選手は、誰よりも早くスタジアムに入って、誰よりもたくさん練習していましたが、あるインタビューで、「僕は練習が好きではありません。練習が好きな人って、そんなにいないと思いますよ」と語っています。

プロのスポーツ選手も、私たちと同じで、できれば練習はしたくないのでしょう。「しかたなくやっている」という点は、私たちと何ら変わりません。

とはいえ、練習をしないといつまでも技術を伸ばすことはできません。いったい、どうすればいいのでしょう。こんなときに役立つのが、メンタルトレーニングです。

実は、メンタルトレーニングは、練習時間を延ばすことにも役立つのです。

イギリスにあるポーツマス大学のリチャード・テルウェルは、トライアスロン選手に、メンタルトレーニングのやり方を教えてみました。具体的には、楽しく練習している場面をイメージさせたり、「私は練習が好きなんだ」「練習って面白いなあ」と自分に言い聞かせるようにお願いしたのです。自分で自分に話しかけるやり方は、〝セルフトーク〟とも呼ばれています。

こういうメンタルトレーニングをやってもらうと、実際にトレーニングする時間を長くすることができました。「楽しい」「面白い」と自分自身に言い聞かせるようにしていると、本当に練習をすることがそんなに苦にならなくなってくるのです。

このやり方は、読者のみなさんにも応用できますから、ぜひ試してみてください。

たとえば、勉強が好きな人も、あまりいませんよね。スポーツの練習と同じです。そこで、勉強をするときには、「いろんなことを覚えるのって、知的好奇心が刺激されるなあ」「こんなに面白いことがあるんだなあ」と自分に語りかけながらやってみるのです。すると、勉強もそんなに苦になりません。

仕事もそうですね。「ああ、イヤだ、イヤだ」と思っているから、仕事がイヤになってしまうのです。こんなときには、ウソでもいいので、「こんなに楽しいことをさせてもらって、しかもお金までもらえるなんて、自分はなんて幸せ者なんだ！」と自分に語りかけるのです。そうすれば、本当に仕事も楽く感じるようになるでしょう。

結局、面白いと感じるか、辛いと感じるかは、本人の思い込み次第です。どうせやらなければならないことなら、メンタルトレーニングによって、面白いと感じながらやったほうがいいに決まっています。

まずは自分に面白いと感じる暗示をかけてしまいましょう。「面白いぞ、これ！」と口癖のように唱えていると、辛くて苦しいことでも、ホイホイとできるようになります。

89 頭で考えていることは無意識に行動にもあらわれる

頭の中であれこれと**考えていることは、無意識のうちに行動にも影響を与えます。**心理学では、こうした現象を**「プライミング効果」**と呼んでいます。「プライム」という単語からきている用語で、「起爆剤」とか「導火線」のような意味になります。

オランダにあるユトレヒト大学のヘンク・アールツは、とても面白い実験をしています。69名の大学生に集まってもらって、「あなたはどれくらい図書館を利用していますか？」「図書館の利点は？」といった質問をくり返すことで、「図書館」という言葉を頭に意識させるようにしました。

それから、別の実験と称して、単語を声に出して読み上げてもらい、そのときの声の大きさを測定してみたのです。

すると、直前に「図書館」という言葉に意識を持たされた条件下では、そういう意識を持たされなかった条件下に比べて、小さな声しか出しませんでした。

図書館では、おしゃべりが禁止されています。話すにしても、できるだけ小さな声で話さなければならない空間です。

ですので、「図書館」という言葉をプライミングされた人は、なぜか大きな声を出さなくなることが実験的に確認されたのです。

「老人」についてプライミングされた人は、知らないうちに、歩く速度がゆっくりになってしまいます。老人は、若い人に比べると動作がゆっくりですが、老人について考えていると、その影響を受けてしまうのか、歩く速度が遅くなってしまうのです。

プライミング効果は、無意識のうちに行動に影響を与え、しかも本人はそれに気づかないことが多いのです。「だから何なの？」と思う読者もいらっしゃるでしょうが、プライミング効果は、自分の行動を変えるときにも有効な心理テクニックです。

たとえば、憧れの俳優さんや、憧れのモデルさんのことをしょっちゅう考えるようにしていると、自分でも知らないうちに、その俳優さんのしぐさや表情をするようになったり、憧れのモデルさんの立ち居振る舞いを自分でもやっていたりするのです。つまり、**プライミング効果は、「なりたい自分になる」方法としても利用できる**のですね。お金持ちになりたいなら、「お金持ちならどんな風に行動するのだろう」と考えてみることです。

そうやってイメージしていると、普段の生活の中でも、颯爽と胸を張って歩いたりするでしょう。人に会うときにも、堂々と自分の意見を言えるようになるかもしれません。憧れの自分を絶えず意識することは、プライミング効果によって、そういう自分になることに役立つのです。

90 三振をすることにあまり抵抗がないバッターもいる!?

プロの野球選手にとって、三振をするのは気持ちのいいことではありません。打者の場合、三振が続けば、当然打率も下がりますし、ひいては年棒のほうも減ってしまいます。絶対に避けたいのが、三振なのです。

ところが、奇妙なことに、三振をすることがそんなにイヤなことだと感じない打者もいるのだと聞いたら、驚く方も多いでしょう。

心理学には、「ネーム・レター効果」という現象があることはすでにお話しました。そのネーム・レター効果が、三振をそんなに嫌悪的なものだと感じさせなくすることがあるのです。

カリフォルニア大学サンディエゴ校のレイフ・ネルソンは、次のような仮説を思いつきました。

スコアブックでは、三振のことを「K」と表記します。ということは、名前が「K」で始まる打者は、そうでない打者に比べて、三振することにそんなに抵抗がないのではないか。

この仮説を検証するため、さっそくネルソンは、メジャーリーグでストライクの記録がとられるようになった１９１３年から２００６年までの三振の記録と、打者の名前について調べてみました。

その結果、打者の名前が「K」で始まる選手の三振率が18・8％であるのに、それ以外の選手では17・2％であることがわかったのです。「たった２％にも満たない差ではないか」と思われるかもしれませんが、明らかに選手の名前によって、三振するかどうかは変わっていることが統計的に確認されたといえます。

たとえ、**どれほど嫌悪的なことであろうが、自分の名前に関連していれば、ネーム・レター効果が起きて、そんなに嫌悪的でもなくなる**のです。

ネルソンはまた、第二の研究として、学生の成績についても調べています。

学生にとって、成績が「C」とか「D」というのは、できるだけ避けたいことに決まっています。ところが、自分の名前が「C」か「D」で始まる人は、なぜか成績のほうも「C」や「D」を取りやすくなっていたのですよ。

悪い成績は学生にとっては、イヤなもの、避けたいものに決まっています。そうはいっても自分の名前と関連していると思えば、そんなにイヤでもない、と感じるのでしょう。

91 試合の結果はコスチュームに影響される

赤色は強さの色です。ということは、赤色を身につけていれば、それだけ有利になるということです。

レスリングの試合においては、選手は赤色と青色のウェアで分けられています。心理学的に言うと、これでは、最初から公平な試合になりません。なぜなら、**赤色のウェアを着ている選手のほうが、断然有利になる**に決まっているからです。

「いや、勝負は選手の実力で決まるのだから、コスチュームの色などまったく影響がない」と言う人もいるでしょう。けれども、実際のデータを調べてみると、「まったく影響がない」どころか、「大いに影響がある」ということがわかっているのです。

イギリスにあるダラム大学のラッセル・ヒルは、2004年のアテネ・オリンピックで行われたグレコ・ローマンスタイルのレスリング、フリースタイルのレスリング、テコンドー、ボクシングの全試合の結果を分析し、赤いウェアの競技者と、青いウェアの競技者のどちらが勝ったのかを調べてみました。

すると、「4つの競技すべて」で、赤いウェアの競技者が勝率は高くなるという結果が得られたのです。赤いウェアを着ている競技者は、457試合のうち55%で勝っていたのでした。

私は、どういう理由でレスリングやテコンドーのウェアの色が決まったのかはわかりませんが、赤色と青色、という選択は明らかに間違いです。これでは、赤色のほうが有利になってしまいますから。

黄色と緑色とか、茶色と青色のように、もっと違う色で選手を区別しないと、公平さが欠けてしまいます。

アメリカのロチェスター大学のロジャー・フェルトマンは、テコンドーをやったことがない男女に、「赤のプロテクター」あるいは、「青のプロテクター」を身につけている自分の姿をイメージしてもらい、「あなたは、どれくらい強いと思うか?」と、9点満点で評価を求めました。

すると、赤いプロテクターをつけている姿をイメージした人は、4・18点と答え、青のプロテクターをつけている姿をイメージした人は、3・11点と答えたのです。

赤色を身につけていると、人は強くなったように感じるのです。こういう心理があるので、試合の結果に影響しないわけがないのです。

レスリングやテコンドーに関連する団体や連盟の人たちは、即刻に、試合のコスチュームの色を変える必要があります。そうしないと、公平な試合にはなりません。

92 女性が多い職場では、恋人がいる人が少ない

女性は、男性に比べると恋愛に淡白な人が多いといわれています。

最近の男性は、「草食系」などといわれ、女性と同じように、恋愛に淡白な人も増えてはいるようですが、基本的に男性のほうが、恋愛に対して貪欲ですし、ガツガツしているものです。特に若い男性はそうでしょう。

たとえば**女性がたくさんいる職場だと、恋人のいる女性が少なくなる**傾向があります。周りのみんなも自分と同じように恋人がいないので、気にならなくなるのかもしれません。

女性は、自分からはあまり、「いい男はいないかな」と探したりはしないので、男性と出会う接点が少なくなると、当然、恋人もできなくなるわけです。

ノースカロライナ大学のジェレミー・ウェッカーは、2001年から2002年の全米の4年制大学入学ハンドブックで、それぞれの大学の男女比を調べました。そして、その中から1000名を選んで、恋人の有無などを尋ねてみたのです。

すると、女性が多い大学ほど、ボーイフレンドも少なく、デートをする回数も少なくて、恋

人も少ないことがわかりました。

女性が多い大学では、あまり恋愛は盛んにはならないようです。

ウェッカーは、女性が多いところでは、「ベアマーケット」になりやすい傾向があると指摘しています。ベアマーケットというのは、株の用語で、弱気相場や、下げ相場といわれているもの。女性が多いと、恋愛に対して奥手になってしまう人が増えてしまうということです。

男性のほうがたくさんいて、**女性の数が少なければ、その女性は取り合いになります。つまり、その女性はものすごくモテる**ことになります。これは何となく想像がつきます。

ところが、女性が多く、男性の数が少ないと、その男性がすごくモテるのかというと、そういうことにはなりません。女性は男性を取り合いをしようという気持ちにならないからです。

もともと女子大や短大だった共学の大学に入学すれば、女性の数が多くて、モテるかもしれないと考えて進学する男性がいるかもしれません。しかし、それは浅はかな考えで、まったくモテないことも覚悟しなければなりません。

就職でも、アパレル業界は何となく女性が多そうだという考えで就職すると、たしかに職場に女性は多いかもしれませんが、びっくりするくらいモテなくて困ったことになるでしょう。

女性は自分から相手に言い寄るということをあまりしないので、女性とお付き合いしたいのなら、男性からどんどんアプローチしなければなりません。そうしないとなかなか彼女を作れないでしょう。

93 相手に金額を決めてもらう

レストランなどでは、ごく稀《まれ》にですが、お客に料理の金額を決めてもらう、というシステムをとっているところがあります。お客は好きなものを食べ、自分でいくら支払うかを決めてよいのです。

「そんなことをしたら、1円しか払ってくれないお客ばかりが続出して、あっという間に倒産してしまうのでは？」と思う人がいることでしょう。

しかし、実際にはそういうことにはならないのです。

なぜかというと、人間には、「善意」というものが備わっているからです。

「好きな金額でかまいません」と言われると、私たちは自分自身が信用されていると感じます。そういう善意の対応には、こちらも善意の対応をしたくなるものです。決して、相手の善意につけこんで、ズルイことをしてやろう、という気持ちにはならないのです。

カリフォルニア大学サンディエゴ校のアイレット・グニージーは、ある大型アミューズメントパークで、面白い実験をしています。実験は2日間にわたって行われました。実験参加者は、この2日間に、ジェットコースターのアトラクションを利用した11万3047人です。

このアトラクションでは、乗車中に写真を撮られるというサービスがありました。出口のところで写真が販売されているのですが、写真は購入しても、しなくてもかまいません。それは利用者の判断です。このときグニージーは、大きく２つの条件を設けました。一つは写真の価格が12・95ドルと固定されているもの。もう一つは、「好きな金額をお支払いください」というもの。収益の半分は、有名な医療団体に寄付されることも伝えておきました。

では、いったいどちらのほうが、たくさん写真が売れたのでしょうか。

12・95ドルと価格が固定されている場合、２日間での売上は２３３１ドルでした。ところが、利用者に好きなだけ払ってもらうようにした場合には、６２２４ドル。３倍とまではいきませんが、驚くほどに売り上げが伸びたことがわかります。

利用者の**善意を信じれば、ちゃんと善意が返ってくる**のです。

利用者の中にも、もちろん、ずる賢い人はいるでしょうし、お金をまったく払わない人だっています。しかし、圧倒的に多数の人はきちんと払ってくれますし、しかも、こちらが予想している以上の金額を喜んで支払ってくれることもあるのです。

寄付を求めるときには、「１ドル」といったように金額を決めず、「好きなだけで大丈夫です」と求めたほうが、かえってたくさんの寄付が集まる、という実験データもあります。

「人を見たら悪人だと思え」という言葉もありますが、**基本的には、悪人などそんなにいません。ほとんどの人が、善人なのだと思っていてよい**でしょう。

94 人の善意を信用しても大丈夫

善意を信用するシステムは、だいたいにおいてうまくいきます。

なぜなら、世の中には、善人ばかりが溢れかえっているのが実情だからです。

先ほど、人の善意を信用しても大丈夫ですよ、というデータを示しましたが、「一つくらいの研究では……」と疑い深い読者の方は思うかもしれません。そこで、念のためにもう一つ別の研究を紹介します。

ドイツにあるフリードリヒ・シラー大学のゲルハルト・リーナーは、ウィーンにあるビュッフェスタイルのレストランで研究を行いました。このセルフ・サービス式のレストランがオープンしたのは、2005年6月。そのオープン当初から、2007年6月までの2年間のデータを分析したのです。お客のデータは、のべ8万1641名分です。

このレストランでは、お客の善意を信用し、「好きな金額を自分で決めてお支払いください」というシステムがとられていたのですが、「まったく払わない」というお客は、2年間の調査期間中で、ほぼゼロ。正確な数値は、0・53%です。0・53%ということは、100人中1

人にも満たないのですから、「ほぼゼロ」とみなしてよいでしょう。

「好きなだけお支払いください」という、このレストランでは、だいたいお客は５ユーロを払ってくれました。これはレストランにとって、十分に利益が出るものでした。

同じような事例に、レディオヘッドというグループが発売したアルバムがあります。

レディオヘッドは、２００７年に発売したアルバムに価格を設定することはせず、お客が自由に金額を決めて払ってくれればいいですよ、という方法をとりました。結果としては、２００万回を超えるダウンロードがあり、多くの人が平均６ドルを払ってくれました。

日本でも地方に行くと、道路わきに、無人販売所があったりします。地元で採れた野菜やら、果物などが並んでいて、欲しい人は好きなものをとって、お金を箱に入れておくのです。

この場合には、野菜や果物には１００円といった価格がついていたりするのですが、善意を信用するという点では、似たようなシステムだといえるでしょう。

こういう無人販売所が成立するのも、やはり人間の多くが、基本的に善人だからに他なりません。悪人のほうが多かったら、無人販売所などできるわけがありませんから。

私たちは、圧倒的に善人のほうが多い社会に住んでいるのです。

テレビのニュースでは、悪い人ばかりが取り上げられるので、**この世には悪人ばかりがはびこっているようなイメージを持たされてしまいますが、基本的には善人ばかり**なのです。

95 同じことをしていても、アンフェアだと思われてしまうことがある

カリフォルニア大学バークレー校のダニエル・カーネマンは、まったく同じことをしていても、〝フェア〟と思われることもあれば、〝アンフェア〟だと思われてしまうこともある、という面白い現象について研究しています。

たとえば、カーネマンの実験は次のようなものです。次の事例を読み、「フェアだ」と感じるか「アンフェアだ」と思うのかを考えてみてください。

「あるフォトショップのオーナーが時給9ドルで1人の従業員を雇っていた。同じ地区の工場が閉鎖され、失業率も高くなった。他の同業者は時給7ドルで人を雇っている。そこで、このオーナーは自分の従業員の時給も7ドルにすることにした」

多くの人は、オーナーのしたことを〝アンフェア〟だと思うのではないでしょうか。実際に実験してみると、83%の人はこのオーナーを〝アンフェア〟だとし、「フェアだ」と答えたのは17%にすぎませんでした。では、次の例はどうでしょう。前半部分は同じで一部だけが変えられました。

「あるフォトショップのオーナーが時給9ドルで1人の従業員を雇っていた。他の同業者は時

給7ドルで人を雇っている。たまたま前の従業員が辞めたので、新しい従業員を9ドルではなく、7ドルで雇うことにした」

オーナーがやっていることは変わりません。しかし、今度は、「フェアだ」が73％で、「アンフェアだ」と答えたのは27％と、先ほどとは結果が逆転しました。

他の人を雇うときに、さりげなく賃金を減らすのは、それほど悪いことではないけれど、同じ人に対して賃金を減らすのはかわいそうだ、と思うのがその理由でしょう。

この実験結果を参考にするのなら、今いる従業員や社員の給料を削るよりも、新しく従業員を雇って、そのときに給料を減らすのが、経営者としては賢い選択になります。

私たちは、すでに自分が得ているものを減らされることが我慢なりません。

そういうことをしようとすると、「アンフェアだ」と感じてしまうのです。

したがって、今雇っている社員から、給料カット、ボーナスカットをするのはあまり賢明ではありません。それによって、怒りやら不満などを喚起《かんき》してしまうでしょう。

96 人は「お腹が空いた」から食事をするのではない

私たちは、お腹が空いたと感じるから食事をするのではありません。

食事をとってからしばらく時間が経過しているので、食事をしよう、と思うのです。生理的に空腹感が襲ってきたから食べるのではなく、前に食べたのが何時だから、そろそろお腹が空くはずだ、という記憶によって食事するかどうかを決めるのです。

ペンシルバニア大学のポール・ロジンは、「人は記憶によって食事を決める」という仮説を検証するため、健忘症の男性で実験をしてみました。

健忘症の人たちは、自分がいつ、どれくらい食事をしたのかの記憶もあいまいですから、他の人から「そろそろ食事の時間ですよ」と言われたら、たとえお腹がいっぱいでも、食事をしてしまうのではないか、とロジンは考えました。

実験してみると、まさにその通りでした。

食事がすんで、まだ10分から30分しか経っていないのに、「食事の時間ですよ」と言われると、健忘症の人たちは普通に食事をしたのです。

さすがに2回も食事をしたら、満腹感もあって、食事をやめるだろうと思いますよね。

ところが、さらに2回目の食事がすんでから、10分後から30分後に、「食事の時間ですよ」とロジンが伝えると、健忘症の人たちはなんと3回目の食事もしてしまったのです。

私たちは、空腹感や満腹感で食事をするかどうかを決めているのではありません。いつ食べたかの記憶によって食事を決めるのです。

なお、この実験には、ちょっとした裏話もあって、3回目の食事がすみ、「実験は終了しました」と伝えると、一人の男性がロジンのほうに近寄ってきて、「先生、実験も終わったことですし、そろそろ外に何か食べに行きませんか？」と誘ってきたというのです。

他の動物は、お腹がいっぱいになったら、たとえどんなにおいしそうなエサを目の前に出されても、決して食べたりはしません。食べる必要がないときには、食べないのです。

ところが、人間は違います。**人間は、記憶によって食事をするかどうかを決めている**ので、記憶がないときには、いくらでも食べようとしてしまうのです。

認知症になると、記憶力も阻害されてしまうため、きちんと食事の記録をつけておかないと、いくらでも食事をしてしまいますので注意が必要です。

記憶力を失ってくると、普段の生活にも大きな影響を及ぼすことは想像ができますが、まさか食事にも影響するとは驚きですね。

97 勉強効率を上げたいなら、机を買い替えてみる

みなさんは、「スタンディングデスク」というものをご存知でしょうか。

従来の椅子とセットになった机ではなくて、立ったまま作業ができるように設計された机のことです。インターネットで検索すると、安くて丈夫なスタンディングデスクはいくらでも見つけることができます。

もしこれから資格をとるために勉強しなければならないとか、仕事で新しい知識を学ばなければならないというのなら、机をスタンディングデスクにするとよいでしょう。勉強効率はずっとよくなるはずですから。

テキサスA&M大学のランジャナ・ミータは、とある高校で、姿勢が勉強に与える効果の実験をしました。

この高校では、従来の机からスタンディングデスクへ変更することになり、その前後のタイミングで、ミータは生徒たちの学習について調べさせてもらったのです。

すると、スタンディングデスクを導入した後のほうが、学生たちは勉強がとてもはかどり、

記憶力テストでも高得点を挙げることがわかりました。

なぜ、立ったまま勉強したほうが効率がよいのでしょうか。

その理由は、立つという姿勢が、緊張を強いるからです。

椅子に座っていれば、ラクではあるものの、ついついリラックスしすぎて、気持ちが弛緩してしまう、という欠点があります。長い時間勉強するのなら、椅子に座ってやったほうがラクかもしれませんが、ダラダラと時間ばかりかかってしまうという問題も出てきてしまいます。

その点、**立った姿勢というのは、私たちに緊張を強います。集中力や注意力も高まり、それが勉強効率を引き上げる**のです。

オフィスでも同様で、ずっと椅子に座っていると、気分がダラけてきてしまいます。そういう気分を吹き飛ばしたいなら、とりあえず立ってみることです。座っているからやる気が出ないのであって、しばらく立っていれば、やる気もエネルギーも出てきます。

会社の経営者なら、従来型のオフィスではなく、スタンディングデスクを用意するのもよいでしょう。従来の机はそのまま残しておいてもいいのですが、スタンディングデスクで仕事をしたい人は、それも選択できるようにするのです。

勉強や仕事というものは、できるだけ短時間で、集中して片づけたほうがいいに決まっているので、そのためにはスタンディングデスクが効果的です。もし、将来、机を買い替える機会があれば、参考にするとよいでしょう。

98 早く亡くなるほうが望ましいこともある

いきなり物騒な話になりますが、「人は早く死ぬほうが望ましい」と思うことも、時と場合であるのです。誰でも、長生きできたほうがよさそうな気もしますが、つまらない人生をダラダラと過ごすくらいなら、いっそのこと楽しいときに死んだほうが幸せなのかもしれません。

イリノイ大学のエド・ディーナーは、「ジェン」という名前の女性が、交通事故で亡くなるというシナリオを作って、それを115名の大学生に読んでもらいました。ただし、シナリオには2つのバージョンが作られました。具体的には次の2つです。

●たくさんの友人がいて、仕事もプライベートも充実している時期に交通事故で亡くなる
●たくさんの友人がいて、仕事もプライベートも充実している時期を過ぎて、さらに5年ほどごく普通の人生を歩んでいるときに交通事故で亡くなる

それから大学生に、「あなたは、ジェンの人生が羨ましいと思うか?」と尋ねたところ、多くの人は、前者のバージョンのシナリオを読んだときに「羨ましい」と答えることがわかった

のです。５年長く生きるよりは、５年短くとも、人生の楽しいときに死にたいと多くの人が考えていることがわかります。ディーナーは、この現象に**「ジェームズ・ディーン効果」**と名づけました。

私たちは、単純に長生きすることを望んでいません。「充実した人生を歩みたい」という気持ちのほうが強いのです。ただ生きているだけでは、人生にあまり価値を見出せず、自分が充実しているかどうかのほうが大切なのですね。**人生は長さだけで決まるのではなく、本人の充実度によって決まる**といってもよいでしょう。

人工呼吸器をつけられ、腕にはたくさんの点滴やら、計器のようなものをつけられ、そういう状態で仮に長生きできたとしても、多くの人はそれほど望ましいとは思わないでしょう。

やはり、人間として生きている以上は、できるだけ楽しい毎日を送りたいものです。

年をとって定年を迎えてから、「することがなくて困る」という状態にならないよう、できるだけ若いうちから、自分のやりたいことを見つけておくほうが人生は充実します。ガーデニングでも、登山でも、何でもかまいません。年をとってから、「することが何もない」という状態で過ごすのでは、人生に彩りがありません。

人間は、好きなことができて、毎日が充実していれば、仮に数年くらい人生が短くなったとしても、幸せな人生だったなと思えるのではないでしょうか。

99 先生は魅力的に見えなければならない

学校の先生は、教え方のうまさが何よりも大切であることはいうまでもありません。けれども、教え方の技術を磨くだけではダメです。先生自身ができるだけ魅力的に見えるよう、見た目も磨かなければなりません。

先生は、俳優やタレントとは違って、人気商売ではないので、自分の見た目には気を配らなくてもよいと考える人もいるかもしれませんが、そういう先生はよい先生とはいえません。

先生だって、タレントと同じように見た目を磨かなければなりません。なぜなら、それによって学生からの評価も変わってきてしまうからです。

テキサス大学のダニエル・ハマーメッシュは、大学の463のクラスで講義を担当している先生の写真を入手し、それぞれの先生の魅力に点数をつけてみました。魅力については、男女3名ずつのアシスタントを雇って、アシスタントに点数をつけてもらいました。

またハマーメッシュは、学生からの授業評価についてのデータも入手し、魅力との関連性を調べてみたのです。

すると、驚くような結果が得られました。学生からの評価が高く、「教え方がすごくうまい」という回答の多かった先生は、同様に魅力的な先生だったのです。特に、男性の先生にその傾向がありました。

魅力的に見える先生は、教え方が少しくらいヘタでも、学生からは、「教え方のうまい先生」と思ってもらえるでしょう。魅力によって、教え方のヘタさが、あまり気にならなくなるからです。

その点、本当は教え方がうまいのに、魅力のない先生は、「教え方があまりうまくない」という評価を受けやすくなります。

私たちは、好きな人のことは、すべて好ましく見えてしまうところがあり、これは〝ハロー効果〟と呼ばれています。魅力的な先生は、教え方までうまいと思われるのは、明らかにハロー効果によるものです。

汚らしい髪形で、肩にはフケがいっぱい散らばっていて、ヨレヨレのジャケットを着て講義をしていたら、どんなに講義がうまくても、学生からの評価は悪くなってしまいます。

逆に、清潔感のあるスーツを着て、お洒落なネクタイをしていれば、少しくらい教え方に問題があっても、「教え方がうまい」と思ってもらえるのです。

やはり人間、見た目が重要なのであって、それは学校の先生であっても同じなのです。

100 ベストセラーはそんなに面白くない

私も出版業界に生きている人間ですので、こんなことをあまり言いたくはないのですけれども、ベストセラーの本は、実際には、そんなに面白くありません（笑）。ベストセラーだからと期待して読んでみると、「なんだ、こんなもんか」とガッカリすることが多々あるのです。

なぜ、ベストセラーがつまらないのかも、心理学的な説明ができます。

音楽業界でのヒットソングも、映画業界のヒット映画もそうですが、「ベストセラー」が、その他の作品よりも、質的に優れているかというと、そんなことはありません。いったい、どうやって「ベスト」が決まるのかというと、単純に、「他の人が選んだもの」でしかありません。

多くの人がベストセラーの本を買ったとしても、それは「他の人も買っているようだし、自分も買ってみるか」と思って買っただけかもしれません。そういう人が、さらに売上部数を増やしている可能性は大いにあります。

コロンビア大学のマシュー・サルガニックは、無名のブランドの、無名の曲のリストを見せて、好きな曲をダウンロードしてもらうという実験をしてみました。曲を聴いて、気に入った

ベスト
セラー

ら星を5点満点で付けるのです。

サルガニックは、他の人がどれくらいダウンロードしているのかの数を教えたのですが、他の人がたくさんダウンロードしている曲ほど、星5が付けられやすいことがわかりました。「他の人がたくさん聴いている」というだけで、星5が付けられてしまうのです。もちろん、それがいい曲かというと、そんなこともありませんでした。

「ベスト」という言葉にだまされると、たいてい期待外れに終わるものなのです。

映画を見るときもそうで、「全米ナンバーワン」と謳っている映画にも、ひどいものがいくらでもあります。「多くの観客を動員した」からといって、必ずしも面白さが保証されているわけではないので注意してください。

それにまた、ベストセラーでもヒットソングでもそうですが、本当にそれが多くの人に読まれたり、聴かれたりしているのかというと、これもちょっと疑わしいところがあったりします。出版社や音楽会社は、平気でウソの数字を出すこともあるからです。

やはり最後は、**自分の感性を信じて、自分がよいと思うものを選ぶのが一番**ではないでしょうか。自分が選んだということになれば、少なくとも「だまされた！」と思うことはありませんからね。

あとがき

私は心理学者ですが、「心理学って、一言でいえば、どんな学問なんですか?」と質問されるのが一番困ります。本書を最後まで読んでくださった人ならわかると思うのですが、心理学という学問は、あまりにも研究の対象が広すぎて、一言でいうことなど、とてもできないからです。

「心理学とは、人間にかかわるものすべてを研究する学問ですよ」と答えてみるものの、おそらくは相手もよくわからないと思います。正直なところ、私も心理学がどんな学問なのか、自分でもよくわかっていません。

何しろ、心理学が対象としている領域は、まえがきにも書いたように、政治、経済、歴史、文化、社会、生理、動物、健康、法律、犯罪、教育、発達、学習、スポーツ、戦争、気候、性差、遺伝、味覚、組織、マーケティングなど、とんでもなくバラエティに富んでいるのです。これを一言で説明するのは、とても無理なのです。

では、どうすれば心理学という学問を理解してもらえるかといったら、具体的な実験の例を挙げて、「こんな感じの研究をする学問なんです」と示すのがベストなやり方でしょう。

抽象的な話をしてもよくわかりませんが、具体的な実験の話をしてあげれば、「へえ、それは面白いことをやっている学問なんだね」と、誰もがすぐに得心できると思うのです。

私が本書を執筆したのは、まさにこうした理由からでした。


心理学という学問の面白さ、奥の深さをわかっていただくため、とにかくバラエティに富んだ研究を100個並べてみました。それぞれのネタとなる研究を選んだ基準は、「とにかく面白い」と私が思ったものだけ。まさしく、『心理学BEST100』です。

私の選んだ100のエピソードが読者のみなさんに、少しでも「面白い！」と膝を叩いてもらえたのだとしたら、本書を執筆した意味があります。著者として、これ以上の喜びはないのですが、果たしていかがでしたでしょうか。お楽しみいただけましたでしょうか。


さて、本書の執筆にあたっては総合法令出版の酒井巧さんにお世話になりました。この場を借りてお礼を申し上げます。

全編が独立したコラムのような内容の本になってしまいましたが、それでも酒井さんには、読者が読みやすいように項目を並べ替えていただいたり、構成を立てていただいたり、編集上の手間をおかけしました。見出しなどもわかりやすくしていただき、まことに感謝しております。ありがとうございました。

100の研究を紹介するため、相当な分量の本になってしまいましたが、最後の最後まで読んでいただいた読者のみなさんにもお礼を申し上げます。本当にありがとうございました。
読者のみなさんと、またどこかでお目にかかることを切に願いながら、筆を置きます。

内藤誼人

Thaler, R. H., & Johnson, E. J. 1990 Gambling with the house money and trying to break even: The effects of prior outcomes on risk, choice. Management Science, 36, 643-660.

Thelwell, R. C. & Greenless, I. A. 2003 Developing competitive endurance performance using mental skills training. The Sport Psychologist, 17, 318-337.

Timmerman, T. A. 2007 "It was a thought pitch": Personal, situational, and target influences on hit-by-pitch event across time. Journal of Applied Psychology, 92, 876-884.

Uecker, J. E., & Regnerus, M. D. 2010 Bare market: Campus sex ratios, romantic relationships, and sexual behavior. Sociological Quarterly, 51, 408-435.

Unkelbach, C., & Memmert, D. 2010 Crowd noise as a cue in referee decisions contributes to the home advantage. Journal of Sport and Exercise Psychology, 32, 483-498.

Van Apeldoorn, J. & Schram, A. 2016 Indirect reciprocity : A field experiment. PLOS One 11, e0152076.

Vartanian, L. R., Spanos, S., Herman, C. P., & Polivy, J. 2015 Modeling of food intake: A meta-analytic review. Social Influence, 10, 119-136.

Varendi, H. & Porter, R. H. 2001 Breast odour as the only maternal stimulus elicits crawling towards the odour source. Paediatrica, 90, 372-375.

Volpp, K. G., John, L. K., Troxel, A. B., Norton, L., Fassbender, J., & Loewenstein, G. 2009 Financial incentive-based approaches for weight loss. Journal of American Medical Association, 300, 2631-2637.

Walfish, S., McAlister, B., & O'donnell, P. 2012 An investigation of self-assessment bias in mental health providers. Psychological Reports, 110, 639-644.

Wansink, B. & Payne, C. R. 2007 Counting bones: Environmental cues that decrease food intake. Perceptual and Motor Skills, 104, 273-276.

Webb, C. E., Rossignac-Milon, M., & Higgins, E. T. 2017 Stepping forward together: Could walking facilitate interpersonal conflict resolution? American Psychologist, 72, 374-385.

Welsch, H. 2001 Environmental and happiness: Valuation of air pollution in ten europeal countries. Ecological Economics, 58, 801-813.

Wentzel, K. R., Barry, C. M., & Caldwell, K. A. 2004 Friendships in middle school: Influences on motivation and school adjustment. Journal of Educational Psychology, 96, 195-203.

Williams-Piehota, P., Pizarro, J., Schneider, T. R., Mowad, L., & Salovey, P. 2005 Matching health messages to monitor-blunter coping styles to motivate screening mammography. Health Psychology, 24, 58-67.

Zhong, C. B., & Leonardelli, G. J. 2008 Cold and lonely Does social exclusion literally feel cold? Psychological Science, 19, 838-842.

41, 476-483.

Robinson, T. N. Borzekowski, D. L. G., & Matheson, D. M. 2007 Effects of fast food branding on young children's taste preferences. Archives of Pediatrics and Adolescent Medicine, 161, 792-797.

Rolls, E. T., & de Waal, W. L. 1985 Long-term sensory-specific satiety: Evidence from an Ethiopian refugee camp. Physiology & Behavior, 34, 1017-1020.

Rozin, P., Dow, S., Moscovitch, M., & Rajaram, S. 1998 What causes humans to begin and end a meal? A role for memory for what has been eaten, as evidenced by a study of multiple meal eating in amnesic patients. Psychological Science, 9, 392-396.

Salganik, M. J., Dodds, P. S., & Watts, D. J. 2006 Experimental study of inequality and unpredictability in an artificial cultural market. Science, 311, 854-856.

Sen, S., & Lerman, D. 2007 Why are you telling me this? An examination into negative consumer reviews on the Web. Journal of Interactive Marketing, 21, 76-94.

Si, K., Dai, X., & Wyer, R. S. Jr. 2021 The friend number paradox. Journal of Personality and Social Psychology, 120, 84-98.

Silke, A. 2003 Deindividuation, anonymity and violence: Finding from northern Ireland. Journal of Social Psychology, 143, 493-499.

Sprecher, S., Schmeeckle, M., & Felmlee, D. 2006 The principle of least interest: Inequality in emotional involvement in romantic relationships. Journal of Family Issues, 27, 1255-1280.

Stephen, I. D., Oldham, F. H., Perrett, D. I., & Barton, R. A. 2012 Redness enhances perceived aggression, dominance and attractiveness in men's faces. Evolutionary Psychology, 10, 562-572.

Sulloway, F. J. 1995 Birth order and evolutionary psychology: A meta-analytic overview. Psychological Inquiry, 6, 75-80.

Sussman, R. & Gifford, R. 2013 Be the change you want to see: Modeling food composting in public places. Environment and Behavior, 45, 323-343.

Swami, V., Chan, F., Wong, V., Furnham, A., & Tovee, M. J. 2008 Weight-based discrimination in occupational hiring and helping behavior. Journal of Applied Social Psychology, 38, 968-981.

Talhelm, T., Zhang, X., Oishi, S., Shimin, C., Duan, D., Lan, X., & Kitayama, S. 2014 Large-scale psychological differences within China explained by rice versus wheat agriculture. Science, 344, 603-608.

Tamas, A., Tobias, R., & Mosler, H. J. 2009 Promotion of solar water disinfection: Comparing the effectiveness of different strategies in a longitudinal field study in Bolivia. Health Communications, 24, 711-722.

Tartter, V. C. 1980 Happy talk: Perceptual and acoustic effects of smiling on speech. Perception of Psychophysics, 27, 24-27.

effects. Political Behavior, 35, 175-197.

Mills, B. 2014 Social pressure at the plate: Inequality aversion, status, and mere exposure. Managerial and Decision Economics, 35, 387-403.

Mononen, K. 2003 The effects of augmented feedback on motor skill learning in shooting: A feedback training intervention among inexperienced rifle shooters. Journal of Sports Sciences, 21, 867-876.

Morwitz, V. G., Johnson, E., & Schmittlein, D. 1993 Does measuring intent change behavior? Journal of Consumer Research, 20, 46-61.

Mullen, B., Copper, C., & Driskell, J. E. 1990 Jaywalking as a function of model behavior. Personality and Social Psychology Bulletin, 16, 320-330.

Naimi, T. S., Xuan, Z., Coleman, S. M., Lira, M. C., Hadland S. E., Cooper, S. E., Heeren, T. C., & Swahn, M. H. 2017 Alcohol policies and alcohol-involved homicide victimization in the United States. Journal of Studies on Alcohol and Drugs, 78, 781-788.

Nelson, L. D., & Simmons, J. P. 2007 Moniker maladies: When names sabotage success. Psychological Science ,18, 1106-1112.

Niemeier, V., Kupfer, J., & Gieler, U. 2000 Observations during itch-inducing lecture. Dermatology and Psychosomatics, 1, 15-18.

O'Connor, D. B., Jones, F., Conner, M., McMillan, B., & Ferguson, E. 2008 Effects of daily hassles and eating style on eating behavior. Health Psychology, 27, s20-s31.

Odgers, C. L., Donley, S., Caspi, A., Bates, C. J., & Moffitt, T. E. 2015 Living alongside more affluent neighbors predicts greater involvement in antisocial behavior among low-income boys. Journal of Child Psychology and Psychiatry, 56, 1055-1064.

Pennebaker, J. W. 1980 Perceptual and environmental determinants of coughing. Basic and Applied Social Psychology, 1, 83-91.

Plassmann, H., O'Doherty, J., Shiv, B., & Rangel, A. 2008 Marketing actions can modulate neural representations of experienced pleasantness. Proceedings of the National Academy of Sciences of the United States of America ,105(3), 1050-1054.

Price, P. C. 2006 Are you as good a teacher as you think? Thought & Action, Fall, 7-14.

Raifman, J., Moscoe, E., Austin, B., & McConnell, M. 2017 Difference-in-differences analysis of the association between state same-sex marriage policies and adolescent suicide attempts. Journal of the American Medical Association, 171, 350-356.

Reid, C. A., Green, J. D., Wildschut, T., & Sedikides, C. 2015 Scent-evoked nostalgia. Memory, 23, 457-466.

Riener, G. & Traxler, C. 2012 Norms, moods, and free lunch: Longitudinal evidence on payments from a pay-what-you-want restaurant. Journal of Socio-Economics,

III-R psychiatric disorders in the United States. Archives of General Psychiatry, 51, 8-19.

Knewtson, H., & Sias, R. W. 2009 Why Susie owns Starbucks: The name letter effect in security selection. Journal of Business Research, 63, 1324-1327.

Knutson, B. 1996 Facial expressions of emotion influence interpersonal trait inferences. Journal of Nonverbal Behavior, 20, 165-182.

Koppell, J. G., & Steen, J. A. 2004 The effects of ballot position on election outcomes. Journal of Politics, 66, 267-281.

Kraut, R., Patterson, M., Lundmark, V., Kiesler, S., Mukopadhyay, T., & Scherlis, W. 1998 Internet paradox: A social technology that reduces social involvement and psychological well-being? American Psychologist, 53, 1017-1031.

Levy, B. R., Slade, M. D., Kunkel, S. R., & Kasl, S. V. 2002 Longevity increased by positive self-perceptions of aging. Journal of Personality and Social Psychology, 83, 261-270.

Liem, D. G., Miremadi, F., Zandstra, E. H., & Keast, R. S. J. 2012 Health labelling can influence taste perception and use of table salt for reduced-sodium products. Public Health Nutrition, 15, 2340-2347.

Lit, L., Schweitzer, J. B., & Oberbauer, A. M. 2011 Handler beliefs affect scent detection dog outcomes. Animal Cognition, 14, 387-394.

Markey, P. M., Markey, C. N., & French, J. E. 2015 Violent video games and real-world violence: Rhetoric versus data. Psychology of Popular Media Culture, 4, 277-295.

Marucha, P. T., Kiecolt-Glaser, J. K., & Favagehi, M. 1998 Mucosal wound healing is impaired by examination stress. Psychosomatic Medicine, 60, 362-365.

Mast, M. S., & Hall, J. A. 2006 Women's advantage at remembering others' appearance: A systematic look at the why and when of a gender difference, 32, 353-364.

McAlister, A., Perry, C., Killen, J., Slinkard, L. A., & Maccoby, N. 1980 Pilot study of smoking, alcohol and drug abuse prevention. American Journal of Public Health, 70, 719-721.

McCarthy, J. F., & Kelly, B. R. 1978 Aggressive behavior and its effect on performance over time in ice hocky athletes: An archival study. International Journal of Sport Psychology, 9, 90-96.

Mehta, R. K., Shortz, A. E., & Benden, M. E. 2015 Standing up for learning: A pilot investigation on the neurocognitive benefits of stand-biased school desks. International Journal of Environmental Research and Public health, 13, 0059; doi: 10.3390/ijerph 13010059.

Meier, B. P. & Dionne, S. 2009 Downright sexy: Verticality, implicit power, and perceived physical attractiveness. Social Cognition, 27, 883-892.

Meredith, M., & Salant, Y. 2013 On the causes and consequences of ballot order

Gesch, C. B., Hammond, S. M., Hampson, S. E., Eves, A., & Crowder, M. J. 2002 Influence of supplementary vitamins, minerals and essential fatty acids on the antisocial behaviour of young adult prisoners. British Journal of Psychiatry, 181, 22-28.

Gneezy, A., Gneezy, U., Nelson, L. D., & Brown, A. 2010 Shared social responsibility: A field experiment in pay-what-you-want pricing and charitable giving. Science, 329, 325-327.

Govers, P. C. M., & Schoormans, J. P. L. 2005 Product personality and its influence on consumer preference. Journal of Consumer Marketing, 22, 189-197.

Greenwald, A. G., Carnot, C. G., Beach, R., & Young, B. 1987 Increasing voting behavior by asking people if they expect to vote. Journal of Applied Psychology, 72, 315-318.

Griskevicius, V., Tybur, J. M., Ackerman, J. M., Delton, A. W., Robertson, T. E., & White, A. E. 2012 The financial consequences of too many men: Sex ratio effects on saving, borrowing, and spending. Journal of Personality and Social Psychology, 102, 69-80.

Hamermesh, D. S., & Parker, A. 2005 Beauty in the classroom: Instructors' pulchritude and putative pedagogical productivity. Economics of Education Review, 24, 369-376.

Hegarty, P., Watson, N., Fletcher, K., & McQueen, G. 2011 When gentleman are first and ladies last? Effects of gender stereotypes on the order of romantic partners' names. British Journal of Social Psychology, 50, 21-35.

Hill, E. J., Ferris, M., & Martinson, V. 2003 Does it matter where you work? A comparison of how three work venues (traditional office, virtual office, and home office) influence aspects of work and personal/family life. Journal of Vocational Behavior, 63, 220-241.

Hill, R. A., & Barton, R. A. 2005 Red enhances human performance in contests. Nature, 435, 293.

Hughes, S. M., Mogilski, J. K., & Harrison, M. A. 2014 The perception and parameters of intentional voice manipulation. Journal of Nonverbal Behavior, 38, 107-127.

Kahneman, D., Knetsch, J. L., & Thaler, R. 1986 Fairness as a constraint on profit seeking: Entitlements in the market. American Economic Review, 76, 728-741.

Kaprio, J., Koskenvuo, M., & Rita, H. 1987 Mortality after bereavement: A prospective study of 95,647 widowed persons. American Journal of Public Health, 77, 283-287.

Kasen, S., Chen, H., Sneed, J., Crawford, T., & Cohen, P. 2006 Social role and birth cohort influences on gender-linked personality traits in women: A 20-year longitudinal analysis. Journal of Personality and Social Psychology, 91, 944-958.

Kessler, R. C., McGonagle, K. A., Zhao, S., Nelson, C. B., Huges, M., Eshleman, S., Wittchen, H. U., & Kendler, K. S. 1994 Lifetime and 12-month prevalence of DSM-

Dabbs, J. M. Jr., deLaRue, D., & Williams, P. M. 1990 Testosterone and occupational choice: Actors, ministers, and other men. Journal of Personality and Social Psychology, 59, 1261-1265.

Danielsson, C. B. & Bodin, L. 2008 Office type in relation to health, well-being, and job satisfaction among employees. Environment and Behavior, 40, 636-668.

Devine, C. M., Stoddard, A. M., Barbeau, E. M., Naishadham, D., & Sorensen, G. 2007 Work-to-Family spillover and fruit and vegetable consumption among construction laborers. American Journal of Health Promotion, 21, 175-182.

DeWall, C. N., Bushman, B. J., Giancola, P. R., & Webster, G. D. 2010 The big, the bad, and the boozed-up: Weight moderetes the effect of alcohol on aggression. Journal of Experimental Social Psychology, 46, 619-623.

De Wijk, R. A., Polet, I. A., Boek, W., Coenraad, S., & Bult, J. H. F. 2012 Food aroma affects bite size. Flavour, 1, 3-8.

Didyoung, J., Charles, E., & Rowland, N.J. 2013 Non-theists are no less moral than theists: Some preliminary results. Secularism and Nonreligion, 2, 1-20.

Diener, E., Wirtz, D., & Oishi, S. 2001 End effects of rated life quality: The James Dean effect. Psychological Science, 12, 124-128.

Dohle, S., Rall, S., & Siegrist, M. 2013 I cooked it myself: Preparing food increases liking and consumption. Food Quality and Preference, 33, 14-16.

Doogan, S., & Thomas, G. V. 1992 Origins of fear of dogs in adults and children: The role of conditioning processes and prior familiarity with dogs. Behavior Research and Therapy, 30, 387-394.

Ellison, P. A., Govern, J. M., Petri, H. L., & Figler, M. H. 1995 Anonymity and aggressive driving behavior: A field study. Journal of Social Behavior and Personality, 10, 265-272.

Epley, N., & Whitchurch, E. 2008 Mirror, mirror on the wall: Enhancement in self-recognition. Personality and Social Psychology Bulletin, 34, 1159-1170.

Feltman, R., & Elliot, A. J. 2011 The influence of red on perceptions of relative dominance and threat in a competitive context. Journal of Sport & Exercise Psychology, 33, 308-314.

Fernandez-Dols, J. M., & Ruiz-Belda, M. A. 1995 Are smiles a sign of happiness? Gold medal winners at the Olympic games. Journal of Personality and Social Psychology, 69, 1113-1119.

Fisher, T. D., Moore, Z. T., & Pittenger, M. J. 2011 Sex on the brain? An examination of frequency of sexual cognitions as a function of gender, erotophilia, and social desirability. Journal of Sex Research, 49, 1-9.

Fisman, R. & Miguel, E. 2007 Corruption, norms, and legal enforcement: Evidence from diplomatic parking tickets. Journal of Political Economy, 115, 1020-148.

French, K. R., & Poterba, J. M. 1991 Investor diversification and international equity markets. American Economic Review, 81 222-226.

参考文献

Aarts, H., & Dijksterhuis, A. 2003 The silence of the library: Environment, situational norm, and social behavior. Journal of Personality and Social Psychology, 84, 18-28.

Abel, E. L., & Kruger, M. L. 2010 Smile intensity in photographs predicts longevity. Psychological Science, 21, 542-544.

Alloy, L. B., Abramson, L. Y., Murray, L. A., Whitehouse, W. G., & Hogan, M. E. 1997 Self-referent information-processing in individuals at high and low cognitive risk for depression. Cognition and Emotion, 11, 539-568.

Baker, L. A., & Emery, R. E. 1993 When every relationship is above average perceptions and expectations of divorce at the time of marriage. Law and Human Behavior, 17, 439-450.

Baron, R., Markman, G., & Bollinger, M. 2006 Exporting social psychology: Effects of attractiveness on perceptions of entrepreneurs, their ideas for new products, and their financial success. Journal of Applied Social Psychology, 36, 467-492.

Bashir, N. Y., & Rule, N. O. 2014 Shopping under the influence: Nonverbal appearance-based communicator cues affect consumer judgments. Psychology and Marketing, 31, 539-548.

Begue, L., Bricout, V., Boudesseaul, J., Shankland, R., & Duke, A. A. 2015 Some like it hot: Testosterone predicts laboratory eating behavior of spicy food. Physiology & Behavior, 139, 375-377.

Bernardi, N. F., Buglio, M, D., Trimarchi, P. D., Chielli, A., & Bricolo, E. 2013 Mental practice promotes motor anticipation: Evidence from skilled music performance. Frontiers in Human Neuroscience, 7, 451.

Bjorkqvist, K. 1994 Sex differences in physical, verbal, and indirect aggression: A review of recent research. Sex Roles, 30, 177-188.

Blatchford, P., Bassett, P., Goldstein, H., & Martin, C. 2003 Are class size differences related to pupil's educational progress and classroom processes? Findings from the institute of education class size study of children aged 5-7 years. British Educational Research Journal, 29, 709-730.

Brethel-Haurwitz, K. M., & Marsh, A. A. 2014 Geographical differences in subjective well-being predict extraordinaly altruism. Psychological Science, 25, 762-771.

Brown, H. N., Saunders, R. B., & Dick, M. J. 1999 Preventing secondary pregnancy in adolescents: A model program. Health Care for Women International, 20, 5-15.

Carroll, D., Ebrahim, S., Tilling, K., Macleod, J., & Smith, G. D. 2002 Admissions for myocardial infarction and World Cup football: Database survey. British Medical Journal, 325, 1439-1442.

Coulter, K., & Grewal, D. 2014 Name-letters and birthday-numbers: Implicit egotism effects in pricing. Journal of Marketing, 78, 102-120.

内藤誼人（ないとう・よしひと）

心理学者、立正大学客員教授、有限会社アンギルド代表取締役社長。
慶應義塾大学社会学研究科博士課程修了。社会心理学の知見をベースに、ビジネスを中心とした実践的分野への応用に力を注ぐ心理学系アクティビスト。趣味は釣りとガーデニング。
著書に、『裏社会の危険な心理交渉術』『世界最先端の研究が教えるすごい心理学』『世界最先端の研究が教えるもっとすごい心理学』『世界最先端の研究が教えるさらにすごい心理学』（以上、総合法令出版）など多数。その数は200冊を超える。

EYE LOVE EYE

視覚障害その他の理由で活字のままでこの本を利用出来ない人のために、営利を目的とする場合を除き「録音図書」「点字図書」「拡大図書」等の製作をすることを認めます。その際は著作権者、または、出版社までご連絡ください。

世界最先端の研究が教える新事実
心理学BEST100

2021年9月22日　初版発行
2024年10月29日　19刷発行

著　者　内藤誼人
発行者　野村直克
発行所　総合法令出版株式会社
〒103-0001 東京都中央区日本橋小伝馬町15-18
EDGE 小伝馬町ビル9階
電話　03-5623-5121
印刷・製本　中央精版印刷株式会社

落丁・乱丁本はお取替えいたします。
©Yoshihito Naitoh 2021 Printed in Japan

ISBN 978-4-86280-817-2
総合法令出版ホームページ　http://www.horei.com/